CNU와 충청학의 선구자들

장암(藏菴) 지헌영(池憲英) 교수
(1911~1981)

청산(聽山) 성주탁(成周鐸) 교수
(1929~2011)

학산(鶴山) 조종업(趙鍾業) 교수
(1930~2014)

거암(巨巖) 박계홍(朴桂弘) 교수
(1937~1988)

해암(海巖) 서해길(徐海吉) 교수
(1937~2001)

CNU와 함께 한 충청학의 선구자들을 기리며

70여 년의 역사를 간직한 충남대학교는 초창기부터 한국학과 지역학의 중심으로 자리매김하기 위해, 운정(芸庭) 성락서(成樂緖) 총장(1905-1988), 동교(東喬) 민태식(閔泰植) 총장(1903-1981), 학산(鶴山) 이정호(李正浩) 총장(1913-2004)을 비롯하여 당대를 대표하는 인문학자들이 부단한 노력을 기울인 바 있다. 그리고 시간의 흐름 속에서 대전학과 충청학의 토대를 세우고 발전시킨 학자들이 다수 배출되었다. 21세기에 접어든 지 이미 사반세기를 넘어서는 시점에서 그동안 축적된 충청 지역학의 연구 성과를 되짚어 보고, 나아가 더욱 깊이 있는 연구 풍토를 조성할 토대를 마련하는 작업은 충청의 거점국립대학인 충남대학교가 수행해야 마땅할 과제라 할 것이다.

이에 오랜 기간 충남대학교에 재직하면서 문·사·철 영역에서 지역학과 전공 분야 연구에 헌신하였으며 또한 의미 있는 성과를 거둔 바 있는 선배 학자 몇 분을 일차적으로 선별하여 그들의 학문적 업적과 교육자로서의 면모를 되새기고자 한다. 또한 오늘의 시도는 앞으로 성장할 학문 후속세대들을 위한 역사의 기록이 될 것이다. 나아가 이번 기획을 마중물 삼아, 향후 충남대학교의 품 안에서 지역학 연구에 헌신한 다수의 인문학자를 재조명하고 그들의 업적을 객관적으로 평가해 보는 작업이 이어질 것으로 기대한다.

남기택 박사의 「지헌영, 대전·충청학의 기원」은 20세기 전반기 충청권을 대표하는 국문학자인 장암(藏菴) 지헌영(池憲英) 교수(1911-1981)의 생애와 학문적 업적 그리고 지역사회 봉사활동을 심층적으로 조명한 글이다. 대전 출신인 장암 선생은 대전보통학교와 대전중학교를 거쳐 연희전문학교에 입학하였으나, 학생 독립운동을 주도하고 학교를 자퇴한 후 해방 무렵까지 10여 년간 명산대천을 유람하며 홀로 학문을 연마하였다. 광복을 맞이한 후에는 대전고등학교에서 수년간 후학을 양성하다가, 충남대학교 설립과 동시에 운정 성락서 총장의 요청을 받고 국문과 교수로 부임하였다. 장암은 충남대학교 재직 기간 동안 학문연구와 교육 활동에서 탁월한 업적을 쌓은 것으로 널리 알려져 있다. 그가 고전문학, 현대문학, 국어학 등 다방면에 걸쳐 이룩한 학문적 성과는 '장암학'으로 호명되었으며, 그로부터 사사한 제자들은 충청 지역의 강단을 중심으로 학문적 전통을 이어 나갔다. 또한 장암은 평생토록 대전 지역의 발전과 문화창달을 위해 노력한 인물이다. 그는 중부권에서 현대문학의 선구 역할을 해온 호서문학회의 초창기 핵심 멤버로 활동하였으며, 나아가 『대전일보』를 포함한 각종 언론매체를 통해 지역사회와 대한민국의 미래 방향을 제시하였다.

강종원 박사의 「청산(聽山) 성주탁(成周鐸)의 백제 성곽 연구」는 오랜 세월 동안 학문적 불모지나 다름없던 백제사 연구를 선구적으로 수행한 바 있는 청산(聽山) 성주탁(成周鐸) 교수(1929-2011)의 생애와 학술적 성과를 깊이 있게 논구한 글이다. 매죽헌(梅竹軒) 성삼문(成三問 1418-1456)의 후예인 청산 선생은 올곧은 성품과 학자적 기질을 바탕으로 평생 백제사 연구에 헌신하였는바, 그의 학술 연구는 대부분 국내 최초로 진행된 것이었으며 따라서 고대사 분야의 후학들에게 큰 자극과 이정표가 되었다. 청산은 문헌자료가 절대적으로 부족한 백제의 역사를 성곽을 비롯한 유적발굴을 통해 실증적으로 규명하는 작업에 몰두하였다. 나아가 그는 유학 연구 등 평생 쌓은 학문적 능력을 바탕으로 고대 유적에 담긴 전통사상의 의미를 새롭게 규명함으로써 이 분야 연구의 수준을 크게 높인 바 있다. 나아가 청산은 충남대학교가 백제사 연구의 중심지로 거듭날 수 있도록 실질적인 기반을 마련하였는데, 대표적인 행정 업적으로는 박물관, 백제연구소, 국사학과, 고고학과 설립 등을 들 수 있다.

이향배 박사의 「충청학 연구의 선구자이며 시화학의 권위자, 학산 조종업 교수」는 이미 유년 시절부터 진행된 한문학 공부를 토대로 문 · 사 · 철 영역에서 다양한 학술적 업적을 쌓았으며, 또한 한국 한문학 및 전통사상의 세계화에 앞장섰던 학산(鶴山) 조종업(趙鍾業) 교수(1930-2014)의 생애와 사상을 흥미롭게 소개한 글이다. 학산 선생은 1960년대 초반부터 1990년대 중반까지 충남대학교에 재직하면서 한국 전통사상을 연구하고 교육하는데 몰두하였다. 특히 1986년에는 국학 연구의 전문화와 특성화를 표방하며 한문학과를 신설하여 중부권 최고의 전통문화 교육기관으로 성장시킨 바 있다. 학산은 한국 한문학 및 전통사상을 세계에 알리고 전파하는 일에도 남다른 관심과 애정을 보였다. 대표적인 예로는 1990년대 초반에 재단법인 충남대학교송자학연구재단을 설립하여 우암 송시열의 학문과 사상을 국제적인 시각에서 연구할 수 있는 기반을 마련한 일과, 1990년대 중반 동아시아권 국제학술 단체인 동방시화학회를 결성하여 한국·중국·대만의 학자들이 시화학을 매개로 교류할 수 있는 장을 새롭게 연 것을 들 수 있다.

황인덕 박사의 「거암(巨巖) 박계홍(朴桂弘) 교수의 생애와 학문」은 20세기 충청권 민속학 연구의 태두인 거암(巨巖) 박계홍(朴桂弘) 교수(1937-1988)의 독창적이면서도 웅혼한 학문 세계를 거시적으로 조명한 글이다. 거암 선생은 학문 전개 과정에서 철저히 자기 주도적이며 개척자적인 길을 걸은 흔치 않은 인물이었다. 그는 20세기 중반 무렵 학문적 불모지와 다름없었던 민속 분야를 자신만의 학문으로 개척하는 과정에서 누군가의 직간접적인 도움이나 영향 없이 오직 혼자서 고민하고 사색하고 판단하였으며, 독자적인 사유와 연구방법론을 바탕으로 이미 30대 중반에 한국 역사민속 연구에서 뚜렷한 업적을 남겼기 때문이다. 즉 거암 민속학 연구의 독창성은 당시 관행적이었던 문헌 연구방법론을 과감히 뛰어넘어, 현지 탐사와 현장 조사를 토대로 연구의 실증성을 확보한 사실에서 찾을 수 있다. 특히 그가 최초로 진행했던 한국의 당제(堂祭) 연구는 당시 세계적인 학자들의 관심을 불러일으키기에 충분하였다. 나아가 거암은 한・일 민속의 비교 연구를 바탕으로 비교민속학 분야를 새롭게 개척함으로써 동시대 학자들 사이에서 학문적 성취의 모델로 평가된 바 있다. 거암은 자신의 영역에서 최상의 학문적 경지에 도달하던 순간 불의의 사고로 유명을 달리하였다. 그러나 그가 남긴 학술적 업적과 독창적이며 자기 주도적인 학문 자세는 사후 오랜 시간이 흐른 지금까지도 민속학 분야에서 사라지지 않는 하나의 이정표가 되고 있다.

송석랑 박사의 「'한밭정신의 뿌리 찾기'에 새긴 열정 — 해암(海巖) 서해길(徐海吉) 박사의 시민리더스피릿」은 서양철학 연구를 통해 학문적 토대를 쌓은 후, 동서양 사상의 소통과 조화를 지향하며 나름의 대안을 제시했던 해암(海巖) 서해길(徐海吉) 교수(1937-2001)의 생애와 사상을 흥미롭게 소개하고, 나아가 대전-충청 지역을 위한 그의 봉사와 헌신이 21세기 시민사회에서 어떤 의미를 지닐 수 있는지 새롭게 해석한 글이다. 해암 선생은 평소 임중도원(任重道遠)과 일신우일신(日新又日新)의 자세로 매사에 최선을 다하였으며, 특히 중용(中庸)의 가치 실현 즉 현실과 이상을 아우르는 조화의 논리를 학문과 실천의 방법론이자 궁극적 지향점으로 제시하였다. 해암은 오랜 시간에 걸쳐 이룩한 학문적 성취를 단지 이론적 차원에서 정리하는 것에 만족하지 않았고, 적극적으로 현실에 적용하기 위해 다양한 방식으로 교육행정과 봉사활동에 참여한 바 있다. 즉 학내에서는 새마을연구소장, 인문과학연구소장, 문과대학장, 교육대학원장 등의 보직을 역임하였고, 학계와 지역사회에서는 한국서양철학연구회장, 한국동서철학회장, 현대사회문제연구소장 등을 수행하였으며, 특히 이 과정에서 다양성 속의 조화와 통일의 근거를 실천적으로 제시하였다. 나아가 그는 1990년대 초 · 중반에 '한밭정신의 뿌리 찾기'와 '충남정신의 실체' 연구 프로젝트를 집중적으로 수행한 바 있는데, 이러한 학술기획은 21세기를 대비한 충청권 로컬리티의 방향과 지향점을 최초로 제시한 것으로 평가받고 있다.

역사란 무엇이며, 역사에 대한 우리의 기억과 기록은 어떤 의미를 지니는가? 20세기 초반에 활동했던 문화철학자 발터 벤야민(Walter Benjamin, 1892-1940)은 『역사의 개념에 대하여』(*Über den Begriff der Geschichte*)에서, "과거를 역사적으로 재현한다는 것은 그것이 원래 어떠했는가를 인식하는 일이 아니라 위험의 순간에 섬광처럼 어떤 기억을 붙잡는 것을 뜻한다"[1] 고 말한 바 있다.

여기에 소개된 충청학의 선구자들 역시 이 지역과 연관된 문 · 사 · 철의 콘텐츠를 발굴하고 단순하게 소개하는 작업에 그친 것이 아니라, 정신의 자유와 인식의 확장이라는 관점에서 선대의 발자취를 조명하고 새롭게 해석함으로써 충청인의 정체성을 확립하고자 최선을 다한 인사들이다. 또한 이들은 충남대학교와 인연을 맺은 후 각자의 위치와 영역에서 묵묵히 최선을 다함으로써, 시간의 흐름 속에서 지역 인문학의 수준을 업그레이드하고 학교의 위상을 높이는 일에 일조하였다. 이제 이분들이 각자에게 주어진 역사적 사명을 다하고 유명을 달리한 지 길게는 50여 년 짧게는 십수 년의 세월이 흘렀다. 현재의 시점에서 돌이켜보면 우리 주변에

1 Vergangenes historisch artikulieren heiβt nicht, es erkennen, ‚wie es denn eigentlich gewesen ist'. Es heiβt, sich einer Erinnerung bemächtigen, wie sie im Augenblick einer Gefahr aufblitzt."

이분들과 같은 마음가짐으로 교육과 연구 그리고 사회봉사에 헌신하는 후학들이 얼마나 있는지 의문이 드는 것도 사실이다.

충남대학교가 점점 더 가속화되는 변화의 물결에 적절히 대응하며, 4차 산업혁명 시대를 선도하는 미래형 대학으로 거듭나기 위해서는 다양한 노력과 지혜의 결집이 필요하다. 그리고 그중에는 과연 우리가 충청인의 정체성을 새롭게 정립하고 세상에 전파하기 위해 어떤 노력을 진행해 왔고, 또한 실제로 무엇을 성취했는지 되돌아보는 과정도 반드시 포함되어야 한다. "지나간 것은 서곡(prologue)"(셰익스피어)이기 때문이다.

이 저술이 21세기를 견인하는 충청의 가치지도(value map)를 만드는 과정에서 유의미한 참고 자료가 될 것을 믿는다. 나아가 이 책을 접하는 독자들 모두 이제는 내가 충청의 문화를 선도한다는 주인의식(leaderspirit)과 자긍심으로 충만하기를 기대한다.

甲辰年(2024) 가을

전체 집필진의 뜻을 모아,

리더스피릿연구소장 서영식

목 차

세 부 목 차

세 부 목 차

세 부 목 차

지헌영, 대전 · 충청학의 기원

지헌영

글 · 남기택

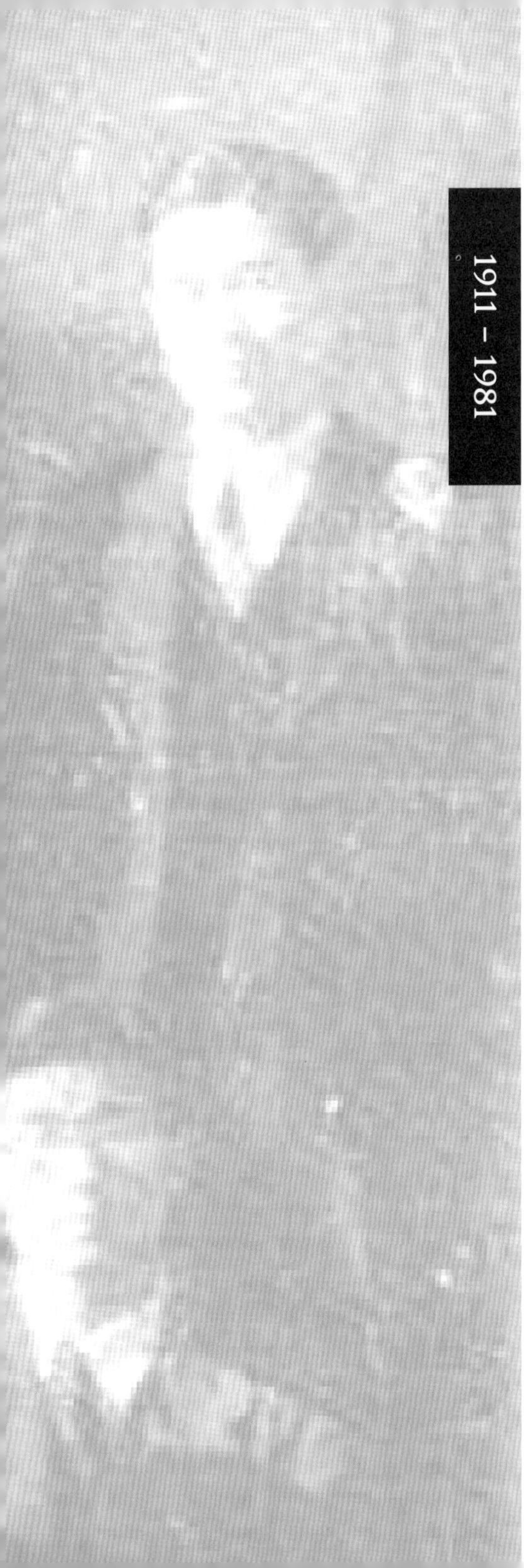

1911 – 1981

1. 들어가는 말
2. 눈물의 자화상
3. 지역 학제의 정립
4. 대전 · 충청학의 기반
5. 나오는 말

들어가며

장암 지헌영 선생은 근현대 대전을 대표하는 일세대 학자이다. 그는 대전 출신으로 대전보통학교와 대전중학교를 거쳐 연희전문학교에 입학했다. 대학을 중퇴한 다음 일제강점기 말기에 전국을 답사하며 독학하였다. 해방이 되어 모교인 대전고등학교에 근무한 바 있고, 충남대학교 설립과 동시에 국문과 교수로 부임하였다. 도중에 퇴직한 이후에도 평생을 지역 학계의 발전을 위해 노력했다. 지헌영의 활동 영역은 학문 분야에 그치지 않았으며, 문학을 포함하여 문화 분야로 확장되었다. 그는 중부권 현대 문학장의 효시라 할 호서문학회 초기 멤버로 활동하였다. 또한 『대전일보』, 『중도일보』 등의 언론매체에서 적극적으로 정론 활동을 펼쳤다. 이처럼 고전문학, 국어학, 현대문학 등 다방면에 걸친 그의 학문 범주를 후학들은 '장암학'으로 명명하였다. 다수의 제자들이 지역 강단에 올라 지헌영으로부터 발단된 대전 · 충청학의 기초를 발전시켜 나갔다.

지헌영

1

들어가는 말

장암 지헌영(藏菴 池憲英, 1911~1981) 선생은 근현대 대전의 대표적인 일세대 학자이다. 그는 초창기 한국어문학 연구의 상징적 인물로서 주요 업적으로 『향가여요신석(鄕歌麗謠新釋)』[1], 「정읍사의 연구」[2] 등이 거론된다. 이 논저들은 해당 작품에 대한 선구적 분석의 사례로 관련 분야 연구사에 기록되고 있다.

장암 지헌영 (출처: 한국학중앙연구원)

지헌영은 대전·충청학의 기초를 닦은 인물이기도 하다. 대전 출신인 그는 평생을 지역 학계에서의 연구 활동에 종사하였다. 그 속에서 대전·충청의 역사, 지명, 문화 등에 관한 탁견을 남겼다. 지역학의 전제로 생애와 장소와 학문 영역의 일치를 고려해야 한다면, 지헌영이야말로 명실공히 대전·충청학의 전형적 인물이 아닐 수 없다.

그의 영향을 받은 제자들은 다수가 충남대학교를 중심으로 하는 지역 강단의 학자로 배치되었고, 그런 제자들은 스승의 학문적 성과를 가리켜 이른바 '장암학'으로 명명하였다. 20세기를 전후한 시점에서 자신의 이름을 건 학문 범주를 찾아보기 어렵다. 장암학의 존재는 그만큼 깊고 넓은 학문 수준을 반증하는 동시에 대전 · 충청학의 이론적 근거로 삼을 만한 역사적 배경이라 평가할 만하다.

지헌영의 활동 영역은 학문 분야에 그치지 않았다. 문학을 위시하여 언론이나 문화 분야 등 다양한 영역에서 자신의 역량을 발휘하였다. 대표적인 예로 지헌영은 중부권 현대 문학장의 효시라 할 호서문학회의 초기 멤버로 활동하며 지역 문단을 조직하고 작품을 발표했다. 또한 『대전일보』, 『중도일보』 등의 매체에서 제반 영역에 관한 정론(正論)을 펼쳤고, 직접 논설위원을 맡기도 했다. 1961년에는 대전일보사 사장에 취임하기도 했다. 그를 가리켜 대전 · 충청학의 효시로 부를 수 있는 이유는 이러한 다방면의 활동과 실질적 성과를 통해 충분히 확인된다.

2

눈물의 자화상

지헌영은 1911년 3월 8일, 대전시 선화동 3구 67번지(선화동 123번지)에서 태어났다.[3] 본관은 충주이다. 그는 청주 지씨 문중의 부친 지영식(池永植)과 모친 김해 김씨 사이에서 장남으로 세상과 인연을 맺었다. 그의 생애를 조명할 때 가부장적 문화가 지배적이었던 당대 실정을 고려할 필요가 있어 보인다. 대가족 장남으로서 본인의 의지와 무관하게 막중한 책임감과 리더십이 일찍부터 체화되었으리라는 점을 짐작할 수 있다.

그의 가문은 유서 깊은 내력을 지닌다. 족보에 따르면 지헌영은 시조로부터 35대손이며, 고려 고종 때 시중(侍中)을 지낸 덕산공 지순의 14대손이다. 시중은 고려 시대 광평성, 내사문하성, 중서문하성, 문하부의 으뜸 벼슬이다. 품계는 종일품으로서 뒤에 중찬(中贊), 정승(政丞) 따위로 변모된다고 사전에 설명되어 있다. 참고로 지헌영 가계를 조금 더 정리해 보면 28세 광한(光翰), 29세 유성(有城), 30세 호신(鎬臣), 31세 문영(文永), 32세 성록(聖祿),

33세 동흡(東洽), 34세 영식, 35세 헌영 등으로 이어진다.[4] 지헌영은 28세 설운(雪嶽) 지광한 선조에 주목하여, 그가 남긴 『설악유고(雪嶽遺稿)』를 영인한 바 있다.[5] 매 권마다 말미에 직접 발문을 썼는데, 「병진구월상한(丙辰九月上澣), 칠대손헌영근식(七代孫憲英謹識)」, 「정사맹추상한(丁巳孟秋上澣), 칠대손헌영근식」 등과 같다. 여기서 '병진'은 1976년, '상한'은 1일에서 10일까지의 동안(상순, 上旬), '정사'는 1977년, '맹추'는 이른 가을(음력 7월) 등으로 발문 집필 시기를 지시한다.

어려서부터 신동 소리를 들었다던 지헌영은 부친이 초빙한 독선생(獨先生)으로부터 일찌감치 한문을 익혔다. 이력에 따르면 지헌영이 대전보통학교(현 삼성초등학교)를 수료한 때는 1926년 3월이다. 여기서 한 가지 궁금한 점이 생긴다. 1911년생인 지헌영이 대전보통학교를 졸업한 것이 1926년이라면 16세에 해당된다. 너무 늦은 나이인 것이다. 당대의 교육 제도와 실정을 참고할 필요가 있겠다.

일제강점기 교육은 조선총독부가 1911년 8월에 제정한 조선교육령에 따른다. 조선교육령은 차별적인 학제로서 조선인(보통학교)과 일본인(소학교)을 구분하여 적용되었다. 3 · 1운동 이후 유화정책에 따라 개정된 제2차 조선교육령이 1922년 2월 시행되었고, 이때부터 보통학교 수업연한이 소학교와 같이 6년으로 조정되었다.[6] 지헌영의 모교인 대전삼성초등학교 연혁을 보더라도 이 사실이 확인된다. 1911년 4년제 회덕공립보통학교로 출발한 이 학교는 행정구역 개편에 따라 1914년 대전공립보통학교가 되었다. 6년제 개편은 1921년으로 기록되어 있다.[7]

이를 통해 추론하자면 지헌영의 보통학교 입학 적령기인 1918년 전후는 아직 근대적 학제가 제대로 정립되기 이전이었다. 조선인 학생도 많지 않았다. 지헌영은 독선생으로부터 혹은 서당에서 한학을 수학하였을 것이다. 이에 따라 대전보통학교 입학이 제2차 조선교육령 전후로 미뤄졌음을 짐작할 수 있다. 이러한 저간 사정은 지헌영 스스로의 회고에서도 발견된다. 그가 해방 이전에 쓴 「풍수설」에는 "필자가 아직 학교에 입학하기 전 소위 서당에서 소학을 읽던 때에 엄격하시고 자애로시던 할아버지께서는 항상 나의 눈을 피하시며 뜨더기 종이조각을 자주 드려다 보시며 간혹 내가 곁에 있을 때에는 「너이는 이런 것은 보아서는 아니 된다. 성현의 글을 읽기 힘써라.」라고 하시던 때가 벌써 이십여년 전의 옛일"[8]이라는 회고가 담겨 있다. 이 글을 쓴 때가 34세(1944)인데, 서당 시기를 20여 년 전이라고 회고하는 맥락을 보면 지헌영은 10세 무렵까지도 소학을 읽으며 전통적인 조선인으로서 세계관을 형성하고 있었던 듯하다.

> 先生, 天禀殊異, 生而穎悟, 且自妙年, 家學不少, 而私淑漢學. 年十五, 以普通學校五年修了, 直進於中學, 亦可見其才質之美也. 後五年庚午春, 大田公立中學校卒業, 當時已熟文藝, 凡所謂文學全集者, 無不通讀, 且如世界的名著者, 靡不閱覽, 於是聞見知識, 非他人之所可及也.
> (선생은 남다른 재능을 타고나, 어려서부터 집에서 많은 것을 배웠고, 한학 공부에도 전념했다. 열다섯 살 때 보통학교에서 5년 동안 수료한 뒤 곧바로 중학교에 진학한 것이 그의 재능의 탁월함을 보여준다. 5년 후 경오년 봄에 대전공립중학교를 졸업했는데, 이미 문학과 예술에 대해 잘 알고 있었으니, 소위 문학전집이라는 것을 모두 읽었고, 세계의 유명한 작가들을 열람하였기에, 남들이 도달할 수 없는 지식을 얻었다.)[9]

위 글은 지헌영 화갑기념논총에 한문 행장기 형식으로 기록된 지헌영의 약전이다. 이를 지은 사람은 조종업(1930~2014) 교수이다. 그가 평가한 지헌영의 유년 시절은 남다른 재능으로 한학 공부에 매진했고, 문학에 대해 타의 추종을 불허하는 지식을 형성하고 있었다. 여기에서는 "열다섯 살 때 보통학교에서 5년 동안 수료"라고 적시하였다. 수료한 해가 1926년이니 입학한 해는 12세인 1922년이 된다. 이를 통해 지헌영은 유교적 사교육을 받던 도중 뒤늦게 대전보통학교에 입학한 사실을 알 수 있다. 나이로나 지식으로나 동학들에 비해 월등했던 지헌영은 보통학교 5학년 때에 대전중학교(현 대전중 · 대전고) 입학시험에 통과되었다. 이때의 사정에 대해서 지헌영은 다음과 같이 회고하였다.

> 그렇게 흔하던 울음보를 안으로 스미게 한 일이 벌어진 것은 바로 내가 중학에 들어가던 봄의 일이었다. 보통학교 5학년에 재학중이던 나는 자격시험을 거쳐 대전중학에 합격하여 이웃의 화제를 불러 일으키었던 것이다. 가정의 경사라 하던 나의 합격의 기쁨이 가시지도 않은 며칠 후 나는 나의 사랑을 잃었던 것이다. 동갑인 종제(從弟) 헌준의 죽음이 그것이었다.[10]

위 기록은 지헌영이 대전중학교에 입학할 당시(1926)의 정황을 보여준다. 이때의 5년제 '중학교'는 일본인을 위한 학제였다. 조선인들에게는 '고등보통학교' 제도가 실시되었다. 고등보통학교라는 명칭을 중학교로 바꾸는 한편 명목상 조선인과 일본인이 함께 재학하는 제도가 마련된 것이 1938년 3월, 제3차 조선교육령에 의해서이다.[11] 따라서 지헌영이 대전중학교에 입학한 것은 뛰어난 실력은 물론 일본인 학생과의 수학을 보조할 수 있었던 가정환경을 반증하는 이력이라 할 수 있다. 대전중의 당시 명칭은 대전공립중학교였다. 지헌영은 1931년 3월 대전공립중학교를 졸업한 후 이어 연희전문학교(현 연세대학교)에 입학하였다. 이처럼 청년 지헌영은 전형적인 수재의 길을 걸었다.

성장 시절의 지헌영은 이른바 열혈 청년이었던 듯하다. 그를 기억하는 사람은 한결같이 고결한 품성을 강조하고 있다. 불의와 부정에 굴하지 않는 강직한 기풍이 그의 것이었다. 식민지 조국이라는 현실 속에서 태어난 그는 지조 높은 가정환경 아래 올바른 정신을 기를 수 있었다. 일제강점기에 지헌영의 집은 독립운동에 투신한 청년들의 집합소였다고 한다.[12] 그런 만큼 지헌영 역시 현실의 모순에 등 돌리지 않고, 적극적으로 참여하는 가풍을 체현하며 성장했을 것이다.

지헌영의 강골 기질은 연희전문 재학 시절에 극적으로 외화되었다. 열혈 청년 지헌영은 일제에 저항하는 학생운동 관련으로 투옥되었고, 급기야 학교에서 퇴교를 당했다고 한다. 그의 약력에는 '1932. 10. 연희전문학교 중퇴'로 기록되어 있다. 지헌영의 제자로서 충남대 국문과에 재직하며 후학 양성에 힘쓴 김선기 교수 역시 이 점에 주목하였다. 그는 지헌영에 대한 최종 판본이라 할 글을 작성한 바 있다. 이 글에서 지헌영이 연희전문 재학 당시 학생운동에 가담하여 체포되었고, 더 큰 꿈을 실현하기 위해 학교를 자퇴하였다고 기록하였다.[13] 연희전문에서 위당 정인보(1893~1950)를 스승으로 삼아 가르침을 받던 청년 지헌영이 눈물과 함께 그린 서글픈 청춘의 자화상이었다.

연희전문학교를 중퇴한 1932년 10월부터 대전중학교에 부임하는 1945년 10월까지의 10여 년은 독서와 답사로 수련하며 방랑한 시간이었다. 이때를 지헌영은 스스로 '내면생활의 격동기였고 전환기'라고 명명한 바 있다.

> 서른을 바라보며 겪은 눈물의 편력은 이를 이루 두량(斗量)할 수가 없다. 나의 내면생활의 격동기였고 전환기였기로 문장표현을 빌릴 좁은 범주에 들어갈 수는 없을 듯하다. 서른이 넘어 겪은 소위 대동아전쟁은 처절한 결의와 고독을 강요하였다. 간질환자처럼 우리는 몸부림쳤었다. 가슴에 뭉친 한을 달래기 위하여 서로 문우를 찾아 시름을 풀기도 했었다.[14]

'문장표현'으로는 형용할 수조차 없다는 삶의 영역이란 도대체 어떤 것이었을까. 지금으로서는 상상하기조차 힘든 현실이었으리라 짐작된다. 분명한 것은 청년 지헌영이 일제강점기 말기의 시국을 '처절한 결의와 고독'으로 맞서 견뎠다는 사실이다. 그는 현실을 외면하거나 부왜 행위로 도피하지 않고, 고독한 결의를 곱씹으며 스스로의 내면을 다져 나갔다.

지헌영은 한국전쟁기인 1952년 6월 충남대학교 교수로 부임했고, 1957년 10월 사임했다. 그의 대쪽 기질은 충남대학교 교수로 근무했던 짧은 시절에도, 그 이후 지역 학계와 언론계, 문화계에 종사하던 생애 내내 지속됐다. 충남대학교 교수 사임 이후의 주요 이력을 시간 순으로 보면, 1957년 12월 충청남도 문화상 수상, 1959년 3월 『대전일보』 논설위원, 1959년 3월 『충청남도지』 편찬위원, 1961년 10월 대전일보사 사장, 1963년 4월 『대전시지』 편찬위원, 1964년 3월 어문연구회(현 어문연구학회) 회장, 1965년 3월 한국언어문학회 회장, 1968년 5월 충청남도 문화재 관리위원, 1969년 3월 대전대학 강사, 1974년 10월 대통령 표창, 1975년 3월

외솔회 대전지회 회장 등으로 정리되어 있다. 이어서 1975년 9월 한글학회 대전지회 회장을 끝으로 지헌영의 이력은 더 이상 지속되지 못했다. 그는 오랫동안 지병으로 고생했고, 결국 자신을 추앙하는 제자들의 염원을 뒤로 하고 1981년 1월 1일 영면에 들었다. 대쪽 같았던 70년의 숭고한 생이 마감되는 시간이었다.[15]

이상 살핀 약전에서 보는 것처럼 유서 깊은 가문의 장남으로 태어난 지헌영은 부유했던 가계 아래서 그늘 없이 성장했던 것 같다. 그런데 정작 지헌영은 자신의 유년을 '눈물'로 기억하고 있다.

> 나는 어려서부터 너무 눈물이 흔했었다. 여덟살 때에 사랑방 선생님 앞에서 『통감(通鑑)』의 어느 대목을 강(講誦)하다가 막히어 그만 울음보를 터뜨렸던 것이다. 이 울음보는 할아버님께서 크게 걱정하시는 바 되어 그날 이후로는 배운 것을 강받지 않기로 선생님은 결정하였던 것이다. 체약(體弱)했던 나의 고요한 성장을 위하여 할아버님께서는 나의 격정을 불러 일으키지 않도록 특혜조치를 하셨던가 생각이 된다. 몇해 후 나는 새삼 울음보의 부채를 다시 크게 졌던 것이다. 그것은 열살난 어느 봄날이었던가 한다. 아버님께서 읽다 남은 『맹자』의 토(吐)를 떼라 하시고, 나의 입을 지키셨었는데 웬일인지 하치않은 토가 머리에 떠오르지 않아 그만 울음보를 터뜨렸던 것이다. 이날 이후 아버님께서는 한문에 토를 떼어보라 하신 일이 없이 이젠 타계하시고 만 것이다. 이런 역정을 밟아 무 크듯이 자라나 분수(分殊)없이 우왕마왕(牛往馬往)하다 내 나이 "이순(육십)"에 다달았으니, 지난날의 눈물의 혜택과 대차(貸借)를 대조하여 보곤 아무런 남은 것 없음을 고소(苦笑)해 보는 때도 있다.[16]

위 기록은 어려서부터 눈물이 많았던 품성을 진솔히 그린다. 자신의 삶을 "눈물의 혜택과 대차를 대조"함으로써 정산해 보는 국면이 흥미로우면서도 쓸쓸하다. 여기에 드러난 눈물의 유년 형상은 어쩌면 누구보다 지기 싫어하는 강인한 성격의 단면일지 모른다. 그런데 실로 그의 삶에는 눈물이 동반될 수밖에 없는 죽음의 그림자가 늘 함께했던 듯도 하다. 그 사실은 고희를 맞아 제자들이 펴낸『장암 지헌영선생 고희기념논총』에 기록되었다.

> 사람이 생명을 유지하는 방법이 여러가지가 있다. 보통 사람들은 기혈의 활동만을 가지고 살았다고 한다. 하지만 기혈을 완전히 상실하면서도 정신력으로 생명을 유지하는 수가 있는 모양이다. 이제 고희를 맞으신 장암 선생의 생존이 바로 그 실례이다.
>
> 내가 선생님을 뵈운 지도 이미 25년이 지났다. 선생께서는 그때도 열강 중에 「건강이 앞으로 4,5년 밖에 못가요」라고 하시면서 눈씨울을 적시신 것을 기억한다. 그러실 때마다 우리들은 그 단명하실 것을 생각하고 안타깝게 여기곤 하였다. 그러시던 선생께서 이제 고희를 맞으시다니 기적이 아닐 수 없다.[17]

『장암 지헌영선생 고희기념논총』은 지헌영의 타계 직전인 1980년에 발간되었다. 위에서 보는 바와 같이 이 책의 서문에는 지헌영 말년의 형상이 담겨 있다. 이 회고를 기록한 사람은 조종업 교수이다. 그 역시 충남대 교수가 되어 한문학과에서 정년퇴임을 하는 등 평생을 후학 양성에 매진했다. 조종업이 지헌영을 처음 만났다고 회상한 25년 전은 1955년, 즉 지헌영이 1952년 충남대학교 개교와 함께 근무하던 그 당시이다. 위의 기록에 따르면 지헌영은 충남대학교 교수로 재직할 당시부터 건강이 좋지 않았고, 그 사실을 제자들 앞에서 공공연히 이야기하며 학문의 길을 재촉했던 정황을 짐작할 수 있다. 일평생 죽음의 그림자 아래 놓였지만, 그 어느 순간에도 학문과 교육의 길에서 물러서지 않았던 숭고한 삶의 흔적이었다.

3

지역 학제의 정립

눈물과 함께 어둠의 시간을 견딘 지헌영은 해방과 동시에 모교인 대전중학교 교유(教諭)로 근무하게 된다. 교유란 일제 강점기부터 정식 자격을 가진 중등학교 교원을 이르던 말이다. 지헌영의 대전중, 즉 대전중 · 대전고 근무는 대전 · 충청 지역의 학제 혹은 에콜 형성의 중요한 기제라 할 만하다. 대전중 · 대전고는 1917년 관립 경성중학교 대전분실로 처음 개교하였고, 이후 1918년 관립 대전중학교로 정식 출범하였다. 1921년 대전공립중학교로 교명이 변경되었고, 해방 이후 1947년 대전중학교가 되었다. 학제개편으로 대전중과 대전고가 분리된 것은 1951년이다.

지헌영이 대전중에 근무하던 때는 혼란의 시기였다. 대전중은 해방 이후에 일제 패잔병과 미군 숙소로 쓰이기도 했다. 1950년 교육법 개정안에 따라 대전고등학교 인가가 확정되었으나 한국전쟁으로 인하여 1950년 6월 29일부터 10월 17일까지, 1951년 1 · 4 후퇴부터 3월 1일까지 휴교에 들었다.[18] 이 과정에서 학교의 근간을 잡기 위한 많은 교사들의 헌신이 있었는데, 지헌영 역시 그중 한 사람이었다. 지헌영이 대전 지역의 교단에서 제자를 가르친 흔적과 영향은 지금까지도 이어지고 있다.

> 장백의 정기 모딘 계룡의 둘레,
> 유유(悠悠) 천년의 백마강이 구른다.
> 화려한 강산은 피는 듯 맑았나니,
> 향기는 대전에 대고의 동산.
>
> 남팔(南八)아 남아의 기백은 날뛴다.
> 창공을 쏘아보는 젊은 희망과
> 대지에 드디고 선 불굴의 발길
> 수련(修練)은 조국으로 멈출 줄 없다.
> ―지헌영 작사, 「대전고 교가」 1절

지헌영은 대전중 교가(1945. 11)와 대전고 교가(1951. 19)를 작사하였다. 이에 대해서 스스로 해설을 쓴 글이 남아 있다. 각 교가의 제작일뿐만 아니라 지헌영의 문학적 세계관과 당대 삶의 흔적을 엿볼 수 있는 소중한 자료에 해당된다. 이 글 서두에서 지헌영은 "『한모』 제21호를 위하여 편집자가 계획하고 나에게 청탁한 논제는 「교가의 작사정신」이었다. 이에, 「대고정신의 확립」, 「대고교육의 확충」을 위한 거룩한 뜻들을 받아드리어" 글을 작성하노라고 배경을 밝히고 있다. 또한 "진즉, 「대고 교가」를 작사한 즉후에 당시의 교지 「대릉(大綾)」에다 「가사의 구성」을 중심으로 하여 이를 약해(略解)한 바" 있다고 적시함으로써 제작 당시에 이미 해설 원고가 있었음을 알 수 있다.[19]

필자는 일제통치의 무도에 항거한 소용돌이 속에서 반생을 도일(度日)한 끝에 아지 못할 인연으로 8·15 즉후 모교「대전중학」의 재건에 나서야만 했었다. 이제에도, 어찌하여 어떻게 하여『제자들을 벌어먹이여야 하는 험난한 길』—이 길은 인간이 지니는 가장 준엄한 길이요 선구자·목민자의 길에도 통한다—을 택하여야만 했던가를 나 스스로도 속속드리 이회(理會)할 수는 없다. 이러한 나의 도정은 1945년 11월 자그마한 마일스톤(mile-stone)을 놓게 되었던 것이다. 그것이 바로「대고교가」와 불가분의 관계를 지니고 있는「대전중학교가」(대고전신)였던 것이다.[20]

윗글을 통해 해방 전후의 상황과 교육자로서의 운명을 선택하는 여정이 간접적으로 확인된다. 대전중 교가의 제작은 대전 지역 학제의 재건을 위한 실천이었을 뿐만 아니라 지헌영 스스로가 교육자로서의 운명을 결정하는 하나의 마일스톤, 즉 이정표였던 것이다. 그가 대전중학교에 근무했던 물리적 시간은 길지 않았다. 하지만 이후에도 지역 교단과 관계를 맺으며 스승으로서의 책임과 역할을 지속해 나갔다. 실로 지헌영은 학생들 교육만을 담당하지 않았다. 인성과 역사의식의 길라잡이로서, 때로는 현장 지식인으로서 학생들의 귀감이 되었다.

지헌영은 4·19 혁명 전야의 학생의거에도 주목했다. 1960년 3월 8일 대전고등학교 재학생 천여 명이 자유당의 부정선거에 항의하여 결의문을 발표하고 시위를 벌이는 3·8 민주의거가 있었다. 현재 대전고등학교에는 이를 기념하는 3·8 민주의거 기념비, 현정탑(顯正塔) 등이 세워져 있다. 실천적 지식인으로 활동하고 있었던 지헌영은 현정탑 후면에 새길 헌시를 작성했다.

1960년 남아의 의기는 울부짖더라
불굴의 3월 8일 부정과 마주섰던 4·19

이 동산에 자란 손중근(孫重瑾), 이기태(李基泰), 고병래(高炳來) 세송이 봉오리여
사나운 비바람에 못다금 핀 채 서울에 흩날려 지더니라
아아 「수련은 조국으로」의 마음은 이 돌에 길이 머므올가
—지헌영, 〈현정탑〉의 후면 헌시

여기서 이 동산에 자란 "세송이 봉오리"란 각각 대전고 36회 졸업생 손중근(서울대), 이기태(경희대), 37회 고병래(중앙대) 열사를 가리킨다. 이들은 4·19 혁명이 진행되는 당시 희생당했다. 지헌영은 "서울에 흩날려" 사라진 이들의 넋을 위로하며 "「수련은 조국으로」의 마음"을 서정적으로 기렸다. 여기서 '수련은 조국으로'의 마음이란 교가의 정신에 해당되는데, 앞서 인용한 대전고 교가의 마지막 후렴구에 각인되어 있다.

대전고 현정탑(顯正塔) 뒷면 헌시
(출처: https://blog.naver.com/seocheon)

해방기 지헌영의 교육 활동은 대전중 근무에 한정되지 않는다. 이 시기 지헌영의 행적을 구체적으로 기록한 인물은 호서문학회 활동을 같이했던 원영한이다. 그는 지헌영 별세 직후 『호서문학』에 추모글을 쓰면서 해방기 무렵을 회고했다. 이 기록에 따르면 원영한은 1945년 9월 지헌영을 처음 만났고, 대흥동 대덕유치원 건물을 빌어 운영한 '계림학회(鷄林學會)'의 국학 선생으로 그를 초빙했다. 계림학회 활동은 단기간에 종료되었고, 그 무렵 발족된 대전학원(계룡학숙 전신)에 출강했다. 또한 같은 시기에 정훈(1911~1992)과 더불어 '종랑도(宗郎徒)'라는 단체를 이끈 행적을 적고 있다. 이 글은 계림학회를 한국학 연수기관, 대전학원(계룡학숙)을 청소년 교육기관, 종랑도를 청년 수련단체 등으로 설명했다.[21]

원영한은 당시 자신의 이력에 대해서도 상세히 기록한 바 있다. 그가 쓴 『교육 그리고 인생』의 저자소개에는 경력란에 대전 계룡학원 고등공민학교 교감(1945. 10. 1~1947. 8. 31), '사회참여'란에 계림학회 조직운영(1945. 9~1945. 11), 종랑도 부도령(副都領), 향토시가회 동인(1945 10~1947. 8), 호서문학회 동인(1951. 11~1962. 3) 등이 일자를 포함하여 소개되었다. 그중 '향토시가회 동인'의 이력은 대전 최초의 종합지로 기록되어 있는 『향토』의 존재 여부[22]와 관련된 하나의 참조점을 제공한다.

기억에는 변형이 따르기에 원영한의 기록을 객관적 사실로 일반화할 수는 없을 것이다. 해방기 지헌영의 이력은 호서민중대학의 연혁과 관련하여 대비될 필요가 있다. 호서민중대학은 1949년 12월에 『호서학보』 창간호를 발행하였다. 여기 기록된 연혁에 따르면 호서민중대학의 역사는 해방 직후인 1945년 8월 25일, 선화동 구 영신학원(永信學院)을 계룡의숙(鷄龍義塾) 교사로 결정하고 학생모집광고를 낸 것으로부터 출발한다. 강사는 정훈, 지헌영, 권용두 등이 담당하였다. 10월에 원동으로 이전하며 대전학원으로, 12월에는 계룡학숙으로 명의를 변경하였다. 1946년 6월에는 대전계룡공민학교 인가를 얻었다. 1947년 6월에는 계룡학관 인가, 1948년 8월에는 계룡고등공민학교 인가, 10월에는 호서민중대학 인가를 얻었다. 이로써 계룡학관 중등부, 계룡고등공민학교, 호서민중대학 전문부 등의 체계를 갖추었고, 12월 12일에는 대학 개강식과 함께 정훈이 학장에 취임하였다.[23]

이러한 우여곡절을 지닌 호서민중대학이 창간 1주년을 기념하여 제작한 것이 『호서학보』 창간호이다. 여기 교강사 일람표에는 학장 정훈에 이어 교수 지헌영이 가장 먼저 소개되어 있다. 담당과목란에 '고전문학, 국사, 현대문', 경력란에 '전(前) 대전중학교 교사', 비고란에 '저서, 향가여요신석' 등이 병기되었다.[24] 지헌영은 이 책에 「나려문학(羅麗文學) 연구 서설」을 발표하였다. 이는 지헌영의 해방기 논저목록에 추가되어야 할 자료이다.

대전고 교유와 지역 교육운동의 현장을 거쳐, 1949년에는 전주명륜대학 교수로 일했던 이력이 보인다. 전주명륜대학은 현 전북대학교의 전신 중 하나이다. 전북대학교는 이리농림학교, 도립이리농과대학을 모태로 하여 2년제 전주명륜학원과 군산대학관을 통합해 현 골격을 갖추게 되었다. 그 전에 전주향교는 해방 후 전주객사 건물을 이용하여 법학, 국문학, 정치학 등을 강의하는 전주명륜학원을 만들었다. 전주객사는 조선시대에 중앙의 관원이 내려와 숙박하는 장소였다. 1948년 8월 2년제 초급대학 인가를 받았다. 당시 강당같이 큰 객사 건물에 모여서 합동강의를 했다. 유리창도 깨져 있었고, 교수 연구실도 제대로 없는 열악한 환경이었다.[25] 이를 통해 지헌영은 초기 명륜대학에 근무하며 전북 지역 에콜의 정립에도 기여하였음을 알 수 있다.

4

대전 · 충청학의 기반

4.1 장암학의 형성

지헌영은 국문학 및 지명학 연구 분야의 권위자이다. 특히 향가 연구에 있어서는 초창기 관련 학계의 선구자라 할 수 있다. 지헌영의 학문적 본령은 고전문학 연구 분야이다. 그의 연구는 이미 일제강점기로부터 본격화되었다. 그가 일제강점기에 발표한 지명 관련 논문으로는 「조선 지명의 특성」(『조광(朝光)』 8권 9호, 1942. 9), 「계족산하 지명고—백월산하 지명과 비교하여」(『조광』 9권 9호, 1943. 9), 「풍수설—그의 종교성과 형이상학」(『조광』 10권 4호, 1944. 4.) 등이 있다. 향가 관련해서는 「양주동씨의 근업 『조선고가연구』를 읽고」(서평, 『조광』 9권 4호, 1943. 4), 「「영재우적(永才遇賊)」에 대하여—「우적가」 해독 서론」(『조광』 9권 10호, 1943. 10) 등이 있다. 이러한 성과는 해방 이후 『향가여요신석』(정음사, 1947)으로 이어졌다.

일제강점기와 해방기로부터 국학 연구에 두각을 보였던 지헌영은 1952년 6월, 운명의 충남대학교 교수로 부임하였다. 그 전부터 호서민중대학 등에서 후학을 양성했던 이력은 지역문화 제고를 위해 헌신하려는 노블리스 오블리주의 실천으로 보인다. 그러던 중 충남대학교 개교와 더불어 국문과 교수로 임용되었다. 그가 충남대학교에 재직한 시간은 그리 길지 않다. 어떤 사연으로 인해 1957년 10월 충남대학교를 떠났다. 불과 5년 남짓한 시간이었지만, 이 인연은 지헌영을 대전·충청학의 기원으로 자리매김할 중요한 문화적 사건이었다.

그가 남긴 주요 논저의 목록을 시대별로 제시해 보면 다음과 같다. 1950년대에는 「국문학잡기(2)—시조감상1수」(『호서문학』 1, 호서문학회, 1952), 「「차힐이견(次肹伊遣)」에 대하여—「도망매가(悼亡妹歌)」 해독을 위요(圍繞)하고」(『최현배선생환갑기념논문집』, 사상계, 1954), 「국문학잡기(3)—단가정형의 형성」(『호서문학』 4, 호서문학회, 1959)가 있다. 1960년대에도 왕성한 연구 활동이 이어졌다. 이때 「「거서간·차차웅·니사금(居西干·次次雄·尼師今)」에 대하여」(『어문학』 8, 1961), 「「정읍사」의 연구」(『아세아연구』 3권 1호, 1961), 「「아동음(阿冬音)」에 대하여—「모죽지랑가」의 해독·해석」(『한국언어문학』 2, 1964), 「웅령회맹·취리산회맹(熊嶺會盟·就利山會盟)의 축단(築壇) 위치에 대하여」(『어문연구』 5, 1967), 「서글픈 향가연구의 도정」(『도정(道程)』 11, 1967) 등을 발표하였다.

1970년대는 지헌영이 학문에 대한 마지막 열정을 불태웠던 시기이다. 「탄현(炭峴)」에 대하여(상)」(『어문연구』 6, 1970), 「「선릉

(善陵)」에 대하여—「보현십원가」·「우적가」의 해독문제」(『동방학지』 12, 1971), 「향가연구를 둘러싼 혼미와 의문—「풍요(風謠)」에 관한 제문제를 중심으로」(『어문논지』 1, 1972), 「식장산전설 상태(商兌)」(『어문학』 27, 1972), 「두량윤성(豆良尹城)에 대하여」·「서평—『백제와전도보(百濟瓦塼圖譜)』」(『백제연구』 3, 1972), 「「한매사(寒梅詞)」 추의(芻議)」(『숭전어문학』 1, 1972), 「향가의 해독 · 해석에 관한 제문제」(『숭전어문학』 2, 1973),[26] 「산장산하(產長山下) 지명고(상)—두량윤성에 대하여(續)」(『백제연구』 4, 1973), 「「서동설화」 연구의 평의」(한국어문학회 편, 『신라시대의 언어와 문학』, 형설출판사, 1974) 등이 발표되었다.

지헌영은 연구 작업을 하면서 일부 텍스트의 경우 연속된 심층 조명을 기획하였다. 논제 끝에 차례 기호인 '(상)'이 붙었던 흔적이 그것이다. 그러나 「탄현」에 대하여(상)」, 「산장산하 지명고(상)」 등에 이어지는 후속 논문은 끝내 발표되지 못했다. 무궁한 연구에의 열정과 기초 작업들을 세상에 남겨 놓고, 지헌영은 1981년 벽두에 돌아오지 못할 길을 떠났다.

지헌영의 학문적 태도와 성과에 대해서는 후학들의 증언을 통해 확인할 수 있다. 지헌영의 타계 직후, 제자 사재동 교수는 지역 언론에 「장암 지헌영선생의 생애와 업적」이라는 글을 발표하였다. 여기서 그는 "그분은 충남대학교의 개교와 더불어 국학분야를 전담 강의하고 학문적 기틀을 세워 나왔던 것이니 그때야말로 그리 길지도 않은 기간이지만 그분에게는 가장 감격적이고도 보람찬 세월이 될 것임에 틀림이 없다. 그로부터 국학—국어국문학 · 민속학 등을 전공하는 학자들이 그분의 문하에서 배출되었고 그로하여 국학연구의 충남학파가 조성되어 왔기 때문"[27]이라고 적었다. 지헌영의 학문적 입장과 업적이 잘 드러나 있는 기록이다.

조종업 교수 역시 지헌영의 방대한 학문 영역을 확인하였다. "선생께서는 언제나 학문만을 탐구하시었다. 그리하여 문학에 고전·현대의 시·소설에서부터 고어·음운학·사학·지명학·지리 등과 나아가서는 한국철학에까지 영역을 넓히시어 모두 독특한 견해로 새로히 개척하신 바가 허다"함을 적시하였다. 한편 "학문이 해박하시고, 그토록 새로운 발견을 많이 하신데 반해서 그것이 모두 문학화되지 못하였"던 현실을 지적했다.[28] 그는 지헌영 학문의 영역이 고전문학과 현대문학, 음운학과 지명학, 한국철학에 이르는 방대한 범위를 지님을 강조하였고, 반면 논문 형식으로 제도화되지 못한 미완의 실정을 아쉬워했다.

이러한 광범위한 영역과 깊이를 가리켜 지헌영의 제자들은 '장암학'이라는 범주로 명명하였다. 그런 만큼 지헌영의 인문학적 성과는 특별한 것이었다. 그의 제자 중 한 사람인 강전섭(1933~2004) 교수는 지헌영의 연구 성과를 제도화하는 데에 중요한 역할을 했다. 앞서 소개한 지헌영의 생전 논문과 저술들은 강전섭의 헌신적 노력으로『향가여요의 제문제』,[29]『한국지명의 제문제』라는 단행본으로 묶일 수 있었다. 그중『향가여요의 제문제』는 관련 논문 9편을 '강전섭 근교(謹校)' 아래 2부로 나누어 수록하였다. 이 책 말미에 붙은 강전섭의「편집후기」는 스승 지헌영의 학문세계를 다음과 같이 요약하고 있다.

> 첫째로 선생은 박학다식의 재사(才士)이었다. 국문학 분야만 이를지라도

국어학과 국문학의 숙제들을 두루 밝히셨고 고전문학과 현대문학의 구별이 없이 탁견을 보이셨던 것이다. 선생의 연구영역을 더러는 국어학자라고 소개하기도 하였고 고전문학자로 성급히 가름하려는 분들이 있으나 선생이 남기신 글월을 잘 살펴본다면 그 폭이 매우 넓으신 것을 알게 될 줄로 믿는다. 별로 다작하시는 편도 아니셨고 생전에 한 권의 논문집도 정리하여 발간하시지를 못하였기 때문에 세상 사람들이 그 깊이와 넓이를 잘 알 수 없는 것도 어이없는 노릇이었던 것이다.

(중략)

둘째로 선생은 호학불권(好學不倦) · 독학연정(篤學硏精)의 학자였다. 나라 잃은 어려운 고비를 살아오시면서 이 겨레의 학문진작을 위하여 외로운 길을 걸으신 독학(篤學)의 어른이었던 것이다. 한때 위당(爲堂) 정인보 선생과 외솔 최현배 선생의 귀여움을 받기도 하셨으나, 삼십세를 전후하여 몇 해 동안을 두문불출하고 독서연구에 골몰하셨고 두계(斗溪) 이병도 씨와도 수시로 왕래하시며 교류하셨던 것이다.[30]

이 글은 장암이 타계하던 해에 『호서문학』에 「장암선생의 학문을 말한다」[31]라는 글로 먼저 발표되었다. 강전섭은 지헌영의 논문을 모아 한 권 책으로 묶으면서 이 글을 후기로 다시 붙이며 스승의 넋을 기렸다.

지헌영의 장암학은 대전 · 충청학의 기반과도 같다. 그가 닦았던 대전 · 충청학의 기반은 오늘날 국문학 연구의 대표적 기관인 어문연구학회, 한국언어문학회 등의 학제로 이어지고 있다. 지헌영은 이들 학회 창립의 주요한 동력이었다. 선오당 김형기(1906~1990) 교수는 "장암은 우리 어문연구회의 산파요 보호자이시다. 그의 일깨움이 아니었더라면 이 고장에서 우리 말과 글을 닦는 동지들의 모임이 너무 늦을 뻔했고, 그의 보살핌이 없었더라면 『어문연구』가 이렇게 새 단장을 하고 나올 만큼 자랐을지 의문"[32]이라고 기록한 바 있다. 김형기가 언급하는 '어문연구회'는 오늘날 어문연구학회의 전신이다. 어문연구학회는 "국어국문학과 민속학을 연구함으로써 향토 문화의 고유성을 개발하여 민족문화 창달에 기여하고자 도수희, 조종업, 사재동 등이 중심이 되어 1962년 대전에서 설립"[33] 된 학술 단체이다. 설립 주역들은 모두 지헌영의 제자들로서 앞서 봤던 것처럼 스승에 관한 애절한 비망록을 남긴 바 있다.

장암 지헌영 선생 학덕 추모비(출처: 대전문화재단)

한국언어문학회 역시 지헌영의 영향 아래 창립되었다. 도수희는 "장암 선생은 실로 우리 '한국언어문학회'의 숨은 공로자시다. 창설할 때에 많은 뒷바라지를 해주셨고, 또한 본 학회에 모여든 동학, 후진들을 늘 격려하시고 때로는 꾸지람과 새로운 가르침도 주셨다. 크게는 학회로부터 작게는 회원 개개인에 이르기까지 어떤 형태로건 은혜를 입지 않은 자 별로 없으리라. 한 마디로 말해서, 장암 선생은 우리 국어국문학계의 '대들보'이시오, '보배'이심은 말할 나위도 없고, 또 한끝 우리 '한국언어문학회'의 보호자나 다름 없는 분"[34]이라고 극진한 헌사를 남겼다.

지역학적 성과로서 텍스트를 대하는 지헌영의 남다른 애정 역시 강조될 필요가 있다. 지헌영은 충남대 재직 당시 많은 책을 모아서 충남대 도서관을 구축하는 데에 일조했다. 충실한 자료 확보를 통해 학문의 토대를 기초하려는 자세는 개인적 연구 과정에도 체화되어 있었다. 이에 대해서는 『(장암선생 회갑기념) 고서전시목록』[35]을 예시할 수 있다. 회갑을 기념하여 어문연구회에서 편한 이 자료집은 지헌영이 소장했던 고서의 현황을 잘 보여준다. 장암의 자료들은 오늘날 충남대학교 도서관에 보존되어 있다. 중앙도서관 개인문고실의 '장암문고' 섹션은 충남대학교 역사와 영원히 함께할 장암학의 물성(物性)과도 같다.

4.2 정론장 활성화

지역 강단에서 학문 탐구와 후학 양성에 매진하던 도중에도 지헌영은 문화 활동을 멈추지 않았다. 그중 언론매체를 통해 정론장(政論場)을 활성화하려 했던 흔적을 빠트릴 수 없다. 대표적인 이력으로 1951년 9월 『중도일보』 논설위원 선임, 1959년 3월 『대전일보』 논설위원 선임, 1961년 3월 대전일보사 사장 취임 등을 들 수 있다. 대선 · 충청학의 관점에서 보자면 이는 지헌영이 지역의 언론매체를 적극적으로 전유했던 흔적일 수 있다.

한국전쟁을 전후하여 1960년대에 이르기까지 대전 지역의 언론매체는 해당 공동체의 정보 공유를 위한 공기(公器)였을 뿐만 아니라 문화적 수준의 제고를 도모하는 대표적 기제였다. 『대전일보』와 『중도일보』는 대전 지역의 매체로서 당대 소강상태와 다르지 않았던 문화장의 정체된 상황을 고양시키기 위해 다양한 노력을 시도하였다. 문학 분야를 예시하자면, 지역 신문에 나타난 문학 양상은 다양한 스펙트럼을 변주하였다. 수필 분야의 활황을 위시하여 서정시의 공고함과 다양성은 값진 성과가 아닐 수 없다. 나아가 소설과 평론의 도약은 물론 장르 경계를 확장하는 대전문단의 역동성을 발견할 수 있다. 이 같은 현상은 그 자체로 대전문학뿐만 아니라 대전문화의 정수이자 역사적 의미이기에 충분하다. 대전 지역의 언론매체가 정립될 당시부터 지헌영은 직간접 관여하고 있었다. 일례로 그는 1965년, 『대전일보』 창간 15주년을 맞아 "창간 발전 비약의 도정을 목격하고 이에 간여하기도 했던 본인으로서 무엇보다도 기쁨과 고마움을 느끼게 된다."[36]고 기념했다. 매체와 더불어 존재했던 삶을 추억하는 한 장면으로 보인다.

지헌영의 정론 활동 중에서 평론 분야의 성과에 주목할 필요가 있다. 특히 1950~1960년대는 본격적인 문학장 정립의 시기와 연동되는데, 이때 지헌영은 왕성한 활동을 펼쳤다. 당시에는 전문적인 문화 매체가 드물었기에 지역 언론이 그 기능을 대신하고 있었다. 이때 특화되는 지역 신문의 결실 중 하나로 평론장의 본격화를 빠트릴 수 없다. 지역 언론은 공공적 위상과 권위를 통해 전문학자나 평론가를 섭외하여 관련 담론장을 구성할 수 있었다. 충남대에 재직하며 대전 지역 문화운동의 선구자로 활약했던 지헌영은 주요 논객이 되어 지속적으로 글을 발표하였다.

지헌영이 정론을 펼친 영역은 특정 분야에 한정되지 않는다. 당시 언론에 발표된 지헌영의 글은 정치, 경제, 사회, 문화 등의 제반 영역에서 자신의 입장을 펼치고 있었다.

> 첫째로 "실리"를 운운하는 이들은 십구세기 이래의 근대외교의 거개가 강자의 실리로 돌아갔던 것을 몰각해서는 아니될줄로 안다. 이번의 국교가 과연 실리적인 것이었던가는 강자일본의 속셈과 행동이 어떠할 것인가에 따라 달라질 것을 우리는 재인식하고 주시하여야 할 것이다.
>
> 다음으로 약자가 실리를 거두려면 그 국민의 역량에 따라서 그것이 좌우된다는 것을 새삼 느껴야할 줄 안다. 이제 이십세기 국제외교가 경제외교인 면모를 지니고있는 이때 고금리체제의 약점을 품고있는 우리가 우리보다 동떨어지게 저금리체제를 지니고있는 저들과 경제교역에서 맞설 수 있다는 것은 꿈에도 생각할 수 없다. 우리국민에게 끼쳐줄 실리란 도저히 계상할 수가 없을 듯하다. 그런 의미에서 금차의 한일국교는 방공(防共)의 제일선에 서있는 한국의 명분을 세운 것에 지나지 않는다는 세론이 오히려 타당한 것인 듯도 하다.
>
> 여하간 이러한 난국에서 국민각자가 부지런히 일하고 아껴쓰고 저축할

> 길밖에 없다함은 식자나 위정당로(爲政當路)가 이미 지적하고 있는 바이니 올해부터는 인내 검면(儉勉) 절약 저축의 해들이 덮쳐올가 할 따름이다.[37]

정치 분야의 예시 중 하나일 「명분과실리문제」는 1966년 벽두를 여는 기획 원고였다. 당대 사회적 이슈였던 한일기본조약 조인(1965)에 대한 입장을 예리하게 밝힌 글인데, 무엇보다 '국민의 총체적인 관심이 정치외교의 뒷받침'임을 역설하였다.

경제, 사회 분야와 관련해서는 수도 서울에 대한 재구상 입장을 지속적으로 펼쳤다. 이를테면 지헌영은 "거듭 지적하거니와 현『서울』은 한강북안에다 남북『서울』을 계획한다 하더라도 1천만의 인구를 포섭할 대도시로 건설하기에는 근본적으로 자연적조건을 결여"하고 있으며, "기성도시가 가지고있는 인문적 장애(障碍)도 이만저만한 것이 아니어서 현대도시로써 경영하기에" 불가능하다는 입장을 피력했다.[38] 서울이 지닌 수도로서의 문제점을 단지 경제 문제에 국한시키지 않고, '인문적 장애'의 근본적 한계를 통해 문제시했다는 점에서 탁월한 견해가 아닐 수 없다.

문화와 관련해서도 지헌영은 지속적으로 입장을 내놓았다. 「문화상제도의 정화와 존속을 위하여」[39]는 당대 문화상 제도에 대해서 적나라한 비판을 수행한 글이다. 이 글에서 지헌영은 현재 운영되고 있는 문화상 제도의 폐혜를 지적했다. "한 사람의 이의가 있더라도 그 수상은 불명예스럽기 때문에 이러한 규정상의 개정이 필요할 줄로 믿는바다.(현재는 심사부위원3인이상의추천제)"라고 쓰면서, "이러한 불유쾌한 글을 초(草)했음은 오로지 배덕(背德) 수상자, 쓰레기통 진 수상자를 앞으로는 일소(一掃)해보려는 염원에서인 것"임을 강조했다. 기존의 제도가 일부 심사자의 자의적 판단과 상징투쟁으로 왜곡되는 현상을 걱정하면서, 이를 '배덕'이나 '쓰레기통'으로까지 지시하는 등 과격한 표현을 서슴지 않았다. 직설적이고 강직한 그의 성격이 드러나는 문장이다. 이 무렵 신문에 발표된 지헌영의 글 말미에는 '국문학자'라는 소개가 주로 붙었다. 그러나 이 글에서는 '필자=충청남도 문화상심사위원회 위원장'이라고 소개되었다. 앞서 소개한 약력에는 포함되지 않은 이력이다. 이때 지헌영은 스스로가 문화상 심사위원장을 맡아 제도의 쇄신에 대한 의지를 강력히 표현했던 것으로 보인다.

지헌영의 문화 쇄신에 대한 신념은 이른바 '충남기질개조론'으로 확장된다. 그는 한 글에서 "정부당로(政府當路)는 경제지리적 군사지리적 여건을 정사하여 전국적규모의 신국토계획을 도모하고 과학적인 산업입지를 구상하여 전국가구성원이 균등하게 참여할수있는 기회를 마련하여야" 함을 주장했다. 이는 정부당국에 지역 균등 발전의 정책을 요구하는 대목이다. 여기에 그치지 않고 '충남지역사회의 유지및지도층'에게도 "충남기질은 노자협조(勞資協調) 협동화합하려는 근대산업사회에 알맞는 기풍을 내장하고 있으므로 공장유치의 좋은조건의 하나가 될 수 있다 본다. 보다 많은 공장이 유치 신건설을 위하여 식자층은 앞장을 서고 민중은 이에 호응하여야 할 것"을 호소하였다.[40] 지역 스스로의 변화를 독려하는 한편, 이른바 '충남기질'의 본성을 화합의 기풍으로 파악했던 태도를 엿볼 수 있다. 이 글은 새로운 풍토 조성을 위한 시리즈로 중도일보사가 기획한 '충남기질개조론'의 일곱 번째 순서로 발표되었다. 신문사의 기획이 '이 지방의 지도층과 유지 진신의 참가를 보아 각계각층의 고견'을 듣는 것이었기에, 지헌영 원고의 존재는 그 자체로 당대 지역에서 지도층 식자로서의 위상을 설명하는 셈이다.

언론 매체에서의 지헌영은 교양과 상식을 전파하는 지식인이기도 했다. 예컨대 1965년 『대전일보』의 한 교양란에는 지헌영에 대한 인터뷰 기사가 실렸다. '독서와 나'라는 타이틀을 달고 연재된 글이다. 이 글은 필자를 '전 대학교수 · 국문학자'로 소개하고, 인터뷰 내용을 요약하는 헤드라인으로 "여가 잘살리고, 정독제일주의", "1만2천권 불태운 안타까움. 그러나 언제나 두보 시 애송" 등을 설정하고 있다. 이어서 "「독서는 다른일을 마음에 주지않고 오롯하게 전심(專心)해야한다」"는 전언과, "고전연구를 필생사업으로 여겨서인지 오묘한 진리는 옛것에서 찾아야한다고 설파"한다고 취재 내용을 요약했다.[41]

지역학의 관점에서 볼 때 당대 언론의 문제적 현상이 분명 존재한다.[42] 예컨대 『대전일보』와 『중도일보』와 같은 양대 신문에서는 상징적 의미를 지니는 행사의 문학적 내용을 구성하는 경우에 서울 거점의 명망가에게 청탁했던 사례가 발견된다. 대회 심사나 신년 및 창간 축시, 연재소설 등의 필자 섭외가 그런 경우이다. 문학적 전문성을 담보하기 위한 의도적 입장이었을 것이다. 하지만 그 당시에는 지방자치제 관련 논의가 본격화되고 있었고[43]지역 언론의 문화면 구성에 대한 진지한 반성이 수반되는 시기였다.[44] 무엇보다도 이들 지방지는 '향토문화예술 발전'이라는 모토를 공공연히 내걸고 있었다. 그렇다면 폭넓은 대전문단 인맥의 목적의식적 활용을 더 바랄 수도 있었겠다. 이러한 대전문화의 결여 지점을 보충할 수 있는 근거가 지헌영에게서 발견된다. 그런 만큼 지헌영이 대전 · 충청학의 관점에서 이룬 성과는 매우 방대한 영역에 걸쳐 있다.

4.3 문학장 정립

고전문학 연구자이자 지명학 분야의 권위자였던 지헌영은 현대문학 분야에서도 괄목할 만한 성과를 남겼다. 그는 이론적, 실천적 활동을 통해 대전 문학장의 정립에 주요한 영향을 미쳤다. 근현대 대전문학의 성립과 정체에 대해서는 다양한 입장이 존재한다. 기존의 문학사에서는 정훈, 박용래(1925~1980) 등의 순수문학적 양상이 주류 경향으로 예시되어 왔다. 리리시즘은 대전권 문학장의 주요한 성향으로 이어지고 있다. 이를 포함하여 문단 1세대들의 문학적 양상은 대개 느림의 미학에 기초하며, 여유와 관조의 시정신이 토대를 이룬다.[45] 하지만 이러한 경향이 절대적인 것은 아니다. 주지하는 바와 같이 한국 근대문학의 성격은 카프가 상징하는 리얼리즘 경향과 근대적 자율성의 시학을 내면화한 모더니즘 경향으로 대별된다. 그 같은 양대 계열은 식민지 시대 근대문학의 성립과 발전은 물론 해방기와 전후문학, 1960년대 이후에도 지속적으로 이어지며 한국 문학장의 주된 동력으로 작용해 왔다. 이는 대전권 문단의 경우에도 예외가 아니었다.

『동백』 창간 무렵. 뒷줄 오른쪽에서 두 번째가 지헌영
(출처: 박명용 편, 『대전문학사』)

그러한 흐름 속에서 지헌영은 특이한 흔적으로 자리한다. 그는 해방 이후 대전 지역의 문단 정립에 기여한 바 크다. 문학장의 기원과 관련된 대표적 사례는 『동백』 무렵의 활동이다. 해방 이후 대전 지역 최초의 문예지로 알려져 있는 『동백』은 1946년에 창간호가 제작되었다. 이를 실질적으로 주관한 인물은 박희선(1923~1998)이다. 그는 종교적 세계관에 뿌리를 둔 깊이 있는 문학관은 물론 비판적 현실 인식을 기반으로 하는 실험 양식에 주목하였다.[46] 지헌영은 박희선을 비롯하여 정훈, 박용래 등과 교유하면서 대전문단의 초석을 다졌다.

1950년대는 대전문단의 본격적 정립기라는 점에서 중요한 의미를 지닌다. 이 시기를 거치면서 오늘날까지 이어지는 지역 문학장 형태가 골격을 갖추게 된 것이다. 한국전쟁이라는 적멸의 사건으로부터 비롯된 시기가 문학장의 정립을 완성한 시기이기도 하였음은 우리 현대사가 지닌 구조적 역설에 연동되는 사실이기도 하다. 이 시기의 대표적인 문학 매체가 『호서문학』이었다.

기존의 문학사가 주목해 왔던 바와 같이 호서문학회 결성은 해방기의 전사와 필연적 관련을 지닌다. 요컨대 호서문학회는 해방기 활동했던 시 동인지 『동백』의 한국전쟁기 복본으로 등장하였다고 보아야 한다. "시 동인지 『동백』이 해체되는 1947년 9월 이후부터 1950년 6 · 25동란이 일어날 때까지 대전에 문학단체나 문학동인회는 하나도 없었"지만, "여전히 문인이 많은 호서중학교는 대전문단의 구심점"으로 기능하고 있었던 것이다.[47] 여기서 최문희가 회고하는 '호서중학교'는 정훈을 중심으로 운영되었던 에콜을 가리키는 듯하다. 한국전쟁 발발로 해체된 대전문단에 작가들이 다시 모인 것은 서울 수복 이후였고, 1952년 9월에 호서문학회가 창립의 결실을 맺았다. 당해 6월에 지헌영이 충남대학교에 부임하였으니 거의 같은 시기로 볼 수 있다. 『호서문학』은 1950년대에 4호까지 발간되었고 한동안 중단된다. 5호가 속간된 것은 1960년대를 건너뛰어 1976년에 이르러서이다.

지헌영의 호서문학회 활동은 호서민중대학을 설립한 정훈과의 인연을 전제한다. 초기 멤버였던 원영한은 자신들의 청년운동이 "마침내 호서문학회로 승화"[48]되었다고 형용하고 있다. 지헌영은 『호서문학』 창간호에 「국문학잡기(2)—시조감상1수」,[49] 3호에 「방황하는 중견」[50] 등을 발표했다. 4호에서는 권두언을 직접 쓰고, 「국문학잡기(3)—단가정형의 형성」[51]을 발표했다. 이를 통해 지헌영이 자신의 전공 영역인 고전문학 분야에서 평론 작업을 했으며, 나아가 고전의 현재화 작업에 주목하였음을 알 수 있다. 조직을 위해서도 1955년 공동 대표위원과 1957년 고문 등으로 봉사한 바 있다.[52]

이처럼 호서문학회 창간 당시부터 적극적으로 활동했던 지헌영은 당대 평론장의 대표적 논객이었다. 다양한 문학 담론을 생산했던 모습을 볼 수 있는데, 동료들의 문집에 대한 서평이나 발문 등에 적극 참여하였다. 호서문학회 활동 이전에도 지헌영은 해방기 대전문단의 상징적 문인이었던 정훈의 첫 시집 『머들령』에 비평가적 안목으로 발문을 썼다.

> 다음으로 소정(素汀)의 시가 소박한 가운데에 굳건한 뼈를 지니고 있다는 것을 말하여야하겠다. 우리 신시운동이 싹튼지 사십년에 내용에의 지향에서 형식을 가지지않으랴 한 때도 있었고 또 섬세한 미구표현(美句表現)을 일삼기도 하였으며 민요를 멋을 살려도보았으며 해외문학의 풍미를 수입하기도하야 다채로운 꽃동산을 쌓아 놓았지만 소정의 시가 보이는것과같은 거치른듯한 가느다란 풍격(風格)도 그사람과 성격이 그대로 풍기는 일취(一趣)라 할것이다. 즘즛 생각하오니 소정의 시가 신기(新奇)를 꾸미지 아니하며 법초(法楚)한 맛을 풍기는것은 그의 청원했고 근엄했든 가풍이 나리여준것이 아니였든가.
>
> 이제 기축춘정(己丑春正)을 마지하야 「머들령」의 향수를 깊은 치저(齒底)로부터 끌어내여 우리민족문학의 보탑에 올리게한 「동백」동인들이 예술애의 정신에 머리 수그릴 사람은 하나로만 그칠수는 없을지니 일직이 소정형을 사뭇치게 알은 인연으로 말미암어 이 「머들령」의 끝장을 후리게한 허물은 글쓴사람에게 있음은 물론이다.
>
> 감히 「머들령」이 상재됨으로써 민족문학건설에 새로운 풍미가 가미될것을

즐기며 끝으로 소정에게 묻고자한다.

「우리시인은 슬프지 않을수 있었든가 또 시름하지않고 어찌하겠는가!」[53]

이 글에서 지헌영은 정훈 시에 내재된 "소박한 가운데에 굳건한 뼈"를 강조하였다. 이는 작가의 인품, 즉 "거치른듯한 가느다란 풍격"과 연동되는 시세계의 본질을 지시하는 문맥이다. 시인과의 오랜 인연을 통한 평가라는 점은 중층적 의미를 지닌다. 그만큼 깊이 있는 판단의 개연성과 더불어 사적 관계에 따른 주관적 인상비평의 가능성을 함의하는 것이다. 더더욱 발문이라는 형식에 내재된 선험적 한계를 고려해야 한다. 그럼에도 불구하고 위 짧은 문장 속에는 '신시운동'의 역사적 맥락과 본질을 꿰뚫는 심미안과 진정성이 체현되어 있다. 그러한 전제 위에서 정훈 시를 통해 간파한 소박한 뼈의 시론은 충분한 공감대와 설득력을 지니는 것으로 보인다. 더더욱 말미에 부연한 슬픔과 시름이라는 시인의 운명은 한국 현대문학이 근저에 지녀야 할 운명적 태도를 환기한다.

또 다른 예시로 김대현(1920~2003)의 시집 『옥피리』[54]에 쓴 발문을 들고자 한다. 김대현은 1950년대에 불교적 세계관을 바탕으로 『청사』[55]나 『옥피리』 등의 시집을 의욕적으로 발간하였다. 『옥피리』는 '신라의 꽃', '백제의 하늘', '옹기(甕器)의 살림' 등의 3부로 구성된 장시집이다. 서문을 작성한 서정주는 "우리 전통적 생활의 문채(紋彩)들 속에 내재해 살기를 무엇보다도 즐기는" 시인으로 김대현을 평가했으며, 『옥피리』의 탐색이 "현재 우리나라에서 시험되고 있는 여러 정신가치 중의 제일 좋은 가치의 하나"임을 강조한 바 있다.[56] 지헌영 역시 발문에서 "가사가 지니는 웅대한 결구(結構)와 자유섬세한 맛"의 체현과 "우리 현대시가 도로 찾아야 할 장형(長型)인 시작을 위하여 좋은 시도"임을 적시하였다.[57] 실로 김대현 시는 전통 형식과 역사의 의미를 현대적으로 운산한 장르 실험의 사례에 해당된다. 지헌영은 그 본령을 정확히 짚어내고 있다.

> 아! 나의 대전아,
> 자랑혼 공주 한밭 산수.
> 겁겁(劫劫)으로 헤아릴 허스로이 옛날에
> 스사로이 있었던 한밭아!
>
> 새벽녘 하늘에 샛별이 돋고
> 이윽고 먼동이 트면,
> 묵색(墨色) 식장(食藏)이 후억진 머리 들어
> 옥계(玉溪) · 중계(대전천)에 고요가 겹쳤으리.
>
> 먼 종소리 은은히 호른 벌판으로
> 포(砲)소리 사이로 생존이 헐어져 있어도
> 촉촉히 꽃잎엔 이슬이
> 가지가지의 가만한 입김에
> 가슴마다에, 고마운 안들에
> 님의 뜻이 그대로 감싸야 있다.
>
> 풍진(風塵)의 연월에 병들어 누었던 젊음아,
> 어느 늦은 봄 고단히 늦잠을 깨친 날
> 우럴었던 어젓한 보문산,
> 그대 서 있고 나 남아 있어
> 올올이 맺힌 한이 삼세(三世)에 다았거니.
> —「아, 대전아!(대전부)」 부분[58]

지헌영이 1960년대 후반에 작성한 「아! 대전아(대전부)」는 고향에서의 핍진한 삶을 바탕으로 형상화한 장편 서사시이자 르포르타주와 같다. 지헌영의 창작 영역을 대변하는 유일한 시 작품이기도 하다. '아! 대전아'로 알려진 이 작품의 원 표제는 위에 표기한 대로 '대전부(大田賦)'가 괄호로 병기되어 있다. '부'를 음가적으로만 볼 경우, 대전이라는 장소의 역사적 배경을 지시하는 기호로도 읽힌다. 즉 1935년 대전군 대전읍이 대전부(大田府)로 승격되며 본격적인 도시로서의 역사가 시작되는데, '부'는 이러한 장소적 의미를 함의하는 기표일 수 있다. 하지만 지헌영의 작품에는 한자 '賦'가 명기되었다. 이는 문학적 용어로서 사전에도 정의되어 있다. 첫째는 『시경(詩經)』에서 이르는 시의 육의(六義) 가운데 하나로서 사물이나 그에 대한 감상을 비유가 아닌 직접 서술하는 작법을 지시한다. 둘째는 한문체에서 글귀 끝에 운을 달고 대(對)를 맞추어 짓는 글을 가리킨다. 지헌영은 유년 시절부터 한학을 수련하며 동양적 세계관과 언어를 체현한 인물이다. 이러한 아비투스는 현대시를 창작하거나 비평하는 과정에도 반영되고 있으니, 「아! 대전아」 역시 예외가 아니었다.

이 작품은 전체 50여 연 단위로 총 270여 행에 이르는 장시로 구성되었다.[59] 놀라운 사실은 각종 기호나 외국어를 포함한 초현실주의적 상상력이 전통적인 언어와 더불어 조화되고 있다는 점이다.

> 아! 눈부신 빛살, 선한 티끌 금빛 모래 알알이 굼틀이고, 조악돌이 꾸물거린 은색, 풀이 잎잎이 저러히 고마워 느끼는, 능선의 의사(意思)—미소지은 보문 · 식장 · 계족의 허리, 집집 담장, 건조(建造)한 다리, 빌딩이 뚝이 물결이 있은대로 느껴워 노래하는, 아! 고마워 느껴온, 느끼는, 다사로운, 모두다 즐거운, 저이 이이, 오는이 가는이……아아!

아차, 차 · 차 사차선의 질주 · 목척교.
생활들이 오르나린다.
백혈구와 대적한 바이러스, 생명이 반추하는 모진 생리.
그리고도 자비로이 움직이는 인정들.
거창히 폭발한 인구—얼굴 · 얼굴 번호 · 번호 400,000.
생존이 호소한 생 · 생 · 생의 시름아.

아! 나의 대전아
불굴한 식장의 자세, 홀(笏) 안은 보문(寶文)의 정의(情誼).
담청색 금병산(錦屛山).
국사(國師) · 망덕(望德)이 주춤, 갑화(甲華) · 우산(牛山)의 비상
영기(靈氣)는 계룡을 돌아, 대둔(大屯) · 서대(西臺)에
마주 보아 안아드리어 다사한 나날이여!

중계(中溪) · 버드내 · 살내의 물은 겁겁으로
닦어, 흘러 나려……하얀 달이 지면
새날이사 솟아오리.

아 나의 사랑 대전아!
스스로이 아릿다이 있을.
—「아! 대전아(대전부)」 부분[60]

「아! 대전아」는 위와 같이 마무리된다. 첫 연에서 "아! 대전아"처럼 대전을 호명하며 시작된 작품이 마지막 연에 이르러서 "아 나의 사랑 대전아!"와 같이 다시 대전을 호명하며 종결됨으로써 일종의 수미상관 효과가 드러난다. 더더욱 '사랑'을 명시함으로써 대전이라는 장소를 향하는 화자의 토포필리아(topophilia), 곧 장소애를 확인할 수 있다. 사랑이 담긴 대전이라는 장소성은 인위적인 것이 아니다. 그것은 "스스로이 아릿다이" 존재하는 장소 자체의 물성이다. 스스로 존재하는 장소의 물성이라는 비유는 고유한 시

적 감각이 아닐 수 없다. 그의 일생과 문학적 상상력, 체화된 언어의 감각이 한자리에 응집된 이 걸작은 지금도 '지헌영 대전사랑 시비'로 각인되어 시민들 곁에 함께하고 있다.

지헌영 대전사랑 시비(출처: 대전문화재단)

지난 2013년, 당시 대전문인총연합회를 이끌던 회장 김용재(1944~2024)는 대전문화재단의 후원으로 『대전의 문학비와 시가

사는 기념비』라는 단행본을 발간한 바 있다. 이 책은 대전의 "문학비(시비) 및 시가 새겨진 기념비를 현장 사진과 함께 총체적으로 조사연구하여 소개"[61]할 것을 목적으로 기획되었다. 문학비 18기와 시가 있는 기념비 22기 등을 사진 자료와 함께 설명하는 자료집 형식이긴 하지만 문학적 기념비를 취합하였다는 점에서 사료의 의미를 지닌다. 주목할 점은 이 기획물에 가장 많은 3건의 콘텐츠를 구성하고 있는 대상이 바로 지헌영이라는 사실이다. '장암지헌영선생학덕추모비', '현정탑(김영덕 시, 지헌영 시)', '대전사랑시비(지헌영 시)' 등이 그것이다. 이러한 문학 제도의 현상을 보더라도 지헌영이 대전문단에서 지닌 위상은 남다른 것이었음을 확인할 수 있다.

요컨대 지헌영은 신라 향가나 고려가요 연구에 전문적 소양을 발휘하면서, 그러한 문학 정신을 현대문학에 접목시키고자 노력했다. 지금과 같이 전문 분야로 학제가 구획된 실정에서는 상상하기조차 어려운 초경계적 길항이 오래 전 지헌영에 의해 선취되어 있었다. 지헌영의 삶 속에는 이론과 실천을 겸비하고, 고전과 현대를 아우르는 참다운 문학인의 자세가 오롯이 담겨 있다.[62] 이 역시 지헌영이 남긴 대전 · 충청학의 기반이자 주요 성과로 기록되어야 한다.

5

나오며

지헌영이 대전 지역에 큰 뜻을 남겨두고 간 지 오랜 시간이 흘렀다. 그의 제자들마저 역사의 뒤안길로 사라져가는 즈음에서 장암학이라는 개념은 찾아보기 어려워졌다. 하지만 지헌영이 정립한 지역 학제는 견고히 작동하고 있다. 그가 기초했던 대전 · 충청학의 기반이 다양한 학문의 길로 확장되고 있는 것이다. 그 단적인 예가 호서 · 호남을 거점 지역으로 삼아 국어국문학 연구의 전국 단위 담론장으로 기능하는 어문연구학회와 한국언어문학회의 존재이다. 오늘날 지역의 학풍 혹은 에콜을 대변하는 조직으로는 대학 강단과 학회 시스템이 전형적이다. 지헌영은 대전 · 충청 지역 인문학 분야에서 초창기 설립된 어문연구학회와 한국언어문학회의 견인차 역할을 했다.

지헌영의 업적은 후학들에게 많은 영향을 미쳤다는 점에서도 실증된다. 충남대학교에 재직했던 물리적 시간에 비하자면 그가 남긴 영향은 지대하다. 역량 있는 학자들이 그의 문하에서 배출되었다. 지헌영의 제자들은 충남대학교는 물론 인근 대학의 교수로 임용되어 대전·충청학의 내실을 다져 나갔다. 대표적으로 국어학 분야의 도수희·이근규, 고전문학 분야의 조종업·강전섭·사재동·박계홍·김선기, 현대문학 분야의 최원규·송백헌 등이 지헌영의 지도를 직간접적으로 받은 학자들로서 지역 강단에서 교수로 재직하였다.

대전은 한국 근현대사의 전개 과정 중 식민지 시대에 형성된 신생 도시라는 선험적 운명을 지닌다. 그런 만큼 학문을 포함한 문화의 제반 토대가 상대적으로 열악한 실정일 수밖에 없었다. 그럼에도 불구하고 지헌영은 20세기 후반 대전의 학계와 문화계에서 웅숭깊은 성과를 이루었다. 국문학 연구 및 지역학 발전에 대한 지헌영의 업적은 공적으로, 제도적으로 인정되었다. 우리가 대전·충청학의 기원으로 그를 기억해야 하는 이유는 이처럼 분명하고 오롯하다. 지헌영의 실천적 삶과 지역 사랑 정신은 시간을 거슬러 스스로의 존재를 증거하는 동시에 또 다른 생성을 개방하는 중이다.*

장암 어록

“우리 시인은 슬프지 않을 수 있었든가, 또 시름하지 않고 어찌하겠는가!”

(지헌영, 정훈 시집『머들령』발문)

“아 나의 사랑 대전아!/ 스스로 아릿다이 있을.”

(지헌영, 장시「아! 대전아」)

“이름을 드날리기보다 이름을 묻기가 어렵고, 씨앗을 뿌리는 것보다 열매를 거두는 것이 더 어렵다.”

(지헌영,『한국 지명의 제문제』편집후기)

장암 지헌영

청산(聽山) 성주탁(成周鐸)의 백제 성곽 연구

성주탁

글 · 강종원

1929 - 2011

1. 들어가는 말

2. 청산(聽山)의 생애와 활동

3. 청산(聽山)의 백제 성곽 연구

4. 나오는 말

들어가며

이 글은 청산(聽山) 성주탁(成周鐸)의 학문적 성과를 그의 생애와 활동, 그리고 연구업적을 중심으로 살펴본 것이다.

청산은 대학 재직 초반부터 학문연구와 후학양성을 위한 박물관의 창설과 연구소 개소, 국사학과와 고고학과의 설립 등 물리적 환경을 조성하는데 헌신하였다. 그리고 『백제연구』의 발간, 정기적인 공개강좌, 국제학술회의 개최 등을 통해 백제사 연구를 활성화하였으며, 충남대학교를 백제사 연구의 중추적인 기관으로 성장시켰다.

청산은 자료가 부족한 백제사에서 고고자료의 중요성을 일찍부터 인식하고 산성과 도성 유적에 대한 현장조사에 많은 노력을 기울여 백제시대 성곽 연구에 선구적인 업적을 남겼다. 청산의 연구성과로는 고고자료와 문헌자료를 통한 지역의 산성유적과 치소성의 관계 고증, 백제 왕성의 구조와 변천과정에 대한 고증, 무령왕릉 출토품에 내재된 전통사상에 대한 이해, 한·중·일 삼국의 고대 도성과 산성의 교류관계 고찰 등을 들 수 있다.

학문연구에 있어서 스스로의 한계를 자발적으로 드러내셨고, 잘못된 점을 고치는데 주저함이 없었다. 항상 겸손과 성실로서 학문의 진실을 위해 노력한 진정한 연구자이자 선비였다.

성주탁

1

들어가는 말

충남대 재직 당시 모습

청산(聽山) 성주탁(成周鐸)은 1955년 충남대학교 사학과에 입학한 이후 2011년 돌아가실 때까지 좌고우면(左顧右眄)하지 않고 오로지 학문연구와 후학양성에 매진한 진정한 충대인이었다. 청산은 일생을 백제의 성곽 연구에 매진하셨고, 산성 연구의 기초를 닦은 선각자였다.

백제사 연구는 무령왕릉의 발굴 이전과 이후로 구분된다고 할 정도로 고고자료의 중요성이 크다. 그 이유는 문헌자료가 적기 때문이다. 고고자료의 중요성을 체감한 청산은 대전 · 충청지역의 산성조사에 심혈을 기울였다. 산성은 관방시설로서의 성격 이외에도 정치 · 경제 · 문화 등 사회 전반을 파악하는데 중요한 고고자료라는 점을 인식하고 있었기 때문이다. 실제로 오늘날에는 다수의 산성유적들이 전국 각 지역에서 발굴되고 있는데, 많은 자료가 출토되고 있어 고대사 연구의 보물창고로 불리고 있기도 하다. 대전에도 50여 개의 산성과 보루가 분포하고 있어 산성의 도시로 불리기도 한다. 따라서 청산의 산성연구는 백제사 연구 이전에 지역의 역사적 성격을 구명하는 것이기도 하였다.

청산의 업적은 백제 성곽 연구에만 한정되지 않는다. 충남대학교 박물관과 백제연구소를 창설하여 백제사에 대한 체계적인 조사연구를 위한 기반을 구축하였으며, 학술지인 『백제연구』의 창간과 다양한 학술대회를 개최하여 많은 연구자들이 활동할 수 있는 여건을 조성하였다. 백제사에 대한 연구가 활발하지 않았던 시기에 충남대학교에 백제사 연구를 위한 환경을 조성함으로써 중심적인 역할을 할 수 있었다.

또한 청산은 충남대학교에 국사학과와 고고학과를 신설하는데 있어서도 주도적인 역할을 하였다. 이들 학과가 신설된지도 어느덧 30여 년이 지났고, 이제까지 한국사와 고고학 분야의 많은 연구자를 배출하였다. 그 결과 충남대학교는 지역학 연구의 산실이 될 수 있었으며, 그 배경에는 청산의 노력과 헌신이 있었다

청산은 돌아가실 때까지 스스로 노학도(老學徒)로 칭하면서 배움을 그치지 않았다. 항상 인정과 온화한 성품으로 후학들을 감싸셨던 선생님을 추모하면서 청산의 생애와 연구활동, 그리고 백제사 연구에 기여한 학문적 성과와 그 의미를 살펴보기로 하겠다.

생가 모습

2

청산(聽山)의 생애와 활동

청산(聽山) 성주탁(成周鐸)은 1929년 4월 12일(음 3월 12일) 충남 연기군(현 세종시) 금남면 달전리 272번지에서 소산(小山) 성경운(成景運)의 차남으로 출생하였다. 청산이 태어난 연기는 계유정난 이후 매죽헌(梅竹軒) 성삼문(成三問) 선생의 후손들이 옮겨와 세거지를 이룬 곳이었다. 선친 소산(小山)은 공주 사립 명화중학교와 관립 공업전습소 응용화학과 2년을 졸업한 후 일정기간 동안 경상북도에서 교사를 지내실 정도로 신학문에도 개방적이었다. 그렇지만 선친께서는 교사로서의 의무 복무기간을 마친 후에는 일제 치하에서의 출사를 마다하고 이내 고향으로 돌아와 오성의숙을 건립하여 후진양성에 여생을 바쳤다. 집안은 시골에서는 비교적 부유하였지만 유교적 가풍으로 인해 어려서부터 한학교육을 받고 자랐다. 청산은 중학교 다닐 때 장티푸스로 인해 여러 달을 앓았는데, 그 해에 8 · 15 광복을 맞았다. 당시의 혼란한 시대적 상황 속에 청산은 사서 등 유학을 공부하였으며, 이후 6.25 한국전쟁의 발발로 격동기의 세월을 보내야만 하였다. 한국전쟁의 상흔이 잦아들 무렵인 1955년에 청산은 충남대학교 문리과대학 사학과에 입학하였다.

아내와 함께(1970. 5. 25.)

대전 송촌동 자택에서 가족과 함께(1976년)

어려서부터 유학을 공부했던 청산이 역사학에 관심을 갖게 된 것은 사학과에 입학하면서부터이다. 시대적 혼란으로 인해 20대 중반의 비교적 늦은 나이에 대학에 입학하였지만 그만큼 학문적 열정이 강하였다. 대학 졸업 후에는 바로 사학과 조교를 하는 기회를 얻게 되었고, 이는 청산이 평생 역사학자의 길을 걷는 계기가 되었다. 일찍부터 한학교육을 받아 유교경전에 조예가 있었기 때문에 역사학 연구에서 요구되는 기초가 견실하였을 뿐만 아니라 학자로서의 성품을 지닐 수 있었다. 2년의 조교생활을 거쳐 1961년 7월 모교인 충남대학교 사학과 전임교수로 임용되어 본격적으로 학문 연구와 후학을 양성하는 길에 들어서게 되었다.

청산의 학문적 성과를 살펴보기에 앞서 우선적으로 언급되어야 할 부분은 충남대학교에 재직하는 동안 백제사와 지역학 연구를 위한 기반을 마련하였다는 점이다. 요즘은 대학교수라고 하면 연구업적과 학문적 성과만으로 평가하는 경향이 있지만, 초창기에는 학문을 연구할 수 있는 기관의 설립과 학문연구에 필요한 물리적 여건을 조성하는데 오히려 더 많은 시간과 노력을 기울여야 했던 시절이 있었다. 그와 같은 과정을 거쳐 형성된 기반 위에서 연구자들을 배출할 수 있었기 때문이다.

충남대학교가 백제사와 지역학 연구에 있어서 중심적인 역할을 할 수 있었던 배경은 1968년에 박물관, 1971년에 백제연구소가 설립되었기 때문이다. 사학과에 재직하고 있었던 청산은 백제사와 지역학 연구의 산실 역할을 했던 박물관과 백제연구소 설립을 주도하게 되었다. 1968년 개관한 박물관은 처음 도서관의 반지하식 건물 약 20평 정도의 창고에서 시작하였는데, 초창기에는 도서관장이 박물관장을 겸직하였다. 청산은 박물관 고고과장을 맡아 실질적인 박물관 운영을 주도하였다. 열악한 환경 속에서도 1969년 논산 기민중학교 향토관 보관유물 54점, 동춘당 송준길 선생 유물 10책 등을 기증받아 도서관 2층에 전시실을 마련하면서 박물관을 확장해 갔다. 짧은 기간에도 불구하고 이러한 성과를 낼 수 있었던 것은 청산이 평소에 맺은 개인적 친분과 노력의 산물이었다. 당시까지만 해도 문화유산에 대한 인식이 크지 않았던 시절이라 우리의 소중한 문화유산이 망실되는 경우가 많았다. 박물관의 설립은 지역의 문화유산을 수집하고 보존하며, 이를 연구자료로 활용함으로써 지역학 연구를 위한 발판을 마련하는 계기가 되었다.

청산은 박물관을 중심으로 각종 전시회를 개최하면서 한편으로는 지역의 문화유산에 대한 체계적인 조사를 시작하였다. 이 과정에서 백제사에 관심을 갖게 된 청산은 조사결과를 연구하여 발표할 수 있는 학술지 발간의 필요성을 느껴 1970년에『백제연구』창간호를 발간하였다. 그리고 이듬해에는 백제사를 전문적으로 연구할 수 있는 백제연구소를 설립하였다. 박물관에서는 문화유산의 조사를 담당하고, 연구소에서는 학술활동과 연구논문을 발표하여 당시 불모지나 다름없었던 지역학과 백제사 연구의 토대를 갖추게 된 것이다.

청산의 백제사에 대한 열정과 친화력은 많은 연구자와의 교류를 가능하게 하였다. 그 과정에서 인연을 맺은 홍사준, 황수영, 진홍섭, 김원룡, 그리고 이병도, 이기백 등 학계의 기라성 같은 연구자들이 백제연구소에서 개최하는 학술대회 등에 참여하고, 기관지인『백제연구』에 글을 실었다. 백제는 한국 고대국가의 한 축을 형성하고 있었음에도 기록자료의 빈약으로 연구자가 많지 않았지만, 고대사학계를 대표할 수 있는 연구자들의 학술발표와 논문게재를 통해 백제사에 대한 인식을 제고할 수 있었다. 그리고 이러한 인적기반을 바탕으로 백제연구소 중심의 각종 학술대회를 개최하여 백제사 연구를 활성화시키고 저변을 확대하였다. 또한 이를 계기로 청산은 백제사를 주 전공으로 삼아 동국대학교에서 황수영 교수를 지도교수로 하여 석・박사학위를 취득하였다.

청산은 1970년『백제연구』창간호가 발간된 이래 1980년까지 직접 간사를 맡아 학술지 간행을 주관하였다. 특히 청산의 책임 아래에 개최하였던 1982년 충남대학교 개교 30주년기념 국제학술

개교 30주년 국제학술대회 개회사(1982년)

대회는 백제사에 관한 그 동안의 연구성과를 집대성하고 새로운 방향을 제시하는 것이기도 하였다. 참고로 당시 학술대회는 크게 3분야로 나누어 추진되었는데, 역사·사상(윤무병, 김철준, 井上秀雄, 高明士, 유남상), 고고·미술(김원룡, 이진희, 임호일, 황수영, 久野健), 어문학(이문기, 도수희, 삿세, 汪中)으로 주제도 다양하였을 뿐만 아니라 한·중·일 연구자가 참여하였다. 이는 전적으로 청산의 인적네트워크와 백제사 연구에 대한 열정을 통해 이루어진 것이었다. 이를 시작으로 백제연구소에서는 2년을 주기로 국제학술대회를 개최하고, 분기별로 공개강좌를 열어 백제사 연구의 중심기관으로서의 위상을 갖게 되었다. 백제연구소의 연구활동 결과는 학술지인『백제연구』에 게재되어 국내뿐 아니라 일본 등 해외연구자들에게도 배포되었다. 그 결과『백제연구』는 연구소 기관지임에도 불구하고 백제사 연구에 있어서는 세계적인 학술지로서의 위상을 갖게 되었으며, 백제연구소는 1991년에 충남대학교 부설 법정연구소로 승격되었다.

제2회 백제연구 국제학술대회(1984년)

제5회 백제연구 국제학술대회(1990년)

청산은 충남대학교에 국사학과와 고고학과를 신설하는데 있어서도 주도적인 역할을 하였다. 1989년에 사학과로부터 정원을 분할받아 국사학과를 설립하고, 이듬해 국사학과로 소속을 옮겼다. 오늘날에는 학문의 융・복합화로 통섭을 지향하고 있지만 1980년대에는 학문분야의 전문화・세분화를 추구하였다. 그런 학계의 분위기에 따라 사학과에서 한국사 분야를 분리한 것이다. 그리고 1991년에는 고고학과가 신설되었는데, 당시 대학의 학생정원 동결로 신설이 불가능한 상황이었지만 한문학과와 불문학과로부터 각각 10명씩의 정원을 할애받아 20명을 정원으로 하여 고고학과를 신설할 수 있었다. 다른 학과로부터 정원을 할애받는 것이 매우 어려운 일이었음에도 이는 청산의 노력과 인간적 교분이 있었기에 가능하였다. 청산이 평소 역사학 연구에 있어서 고고학의 중요성을 체감하고 필요성을 역설하였기 때문에 그 진정성이 받아들여졌던 것이다. 국사학과와 고고학과 출신 졸업생들 중 다수는 전공을 살려 공공기관과 연구기관 등에서 활발한 연구활동을 하고 있으며, 일부는 모교에 임용되어 학문연구와 후학양성에 힘쓰고 있다. 또한 호서사학회의 창립과 발전에도 기여하였다. 현재의 호서사학회는 충청권의 중심적인 학회로 발전하였지만 창설 초창기에는 충남대학교가 중심이 되어 운영하였다. 이와 같은 청산의 노력이 있었기에 충남대학교가 백제사뿐만 아니라 지역학 연구의 중심대학으로 성장하고 많은 연구자를 배출할 수 있었다.

백제 토기에 대한 강의(충남대학교 교정)

청산은 성장과정에서 유학을 공부한 배경으로 인해 초기에는 역사철학에 많은 관심을 가지고 있었다. 1964년에는 한말의 종교사상가인 김항(1826~1898년)이 정립한 정역사상(正易思想)을 연구하기 위해 설립한 '일부사상연구학회(정역학회)'의 초대회장을 맡을 정도로 역학에도 일가견을 가지고 있었다. 정역은 주역을 한국적 맥락에서 재해석한 철학체계라고 볼 수 있는데, 청산의 학문적 기반은 유학을 기반으로 한 역사철학에서 시작되었음을 알 수 있다. 그런데 1968년 박물관 창설과 1971년 백제연구소의 설립을 계기로 관심분야가 백제사로 바뀌었다. 특히 1971년 무령왕릉의 발견은 백제사에 대한 관심을 크게 고조시키고 고고학의 중요성을 부각시키는 계기가 되었다. 사료가 부족한 백제사 연구에 있어서 고고학적 연구방법의 중요성을 일찍부터 인식하고 있었던 청산은 무령왕릉의 발굴을 계기로 더욱 유적조사의 필요성을 절감하였다. 이러한 분위기 속에서 청산은 각 지역에 산재해 있는 문화유산에 대한 조사, 그 중에서도 산성에 관심을 갖게 되었다.

청산은 1968년부터 1980년 3월까지 박물관 고고과장을 맡아 각종 자료의 수집과 고고유적에 대한 조사를 실시하였다. 박물관이 설립된 후 초창기에는 도서관장이 박물관장을 겸직하였기 때문에, 실질적인 박물관 운영과 문화재 조사는 선생님의 몫이었다. 물론 충남대학교가 본격적으로 발굴조사를 할 수 있게 된 것은 당시 국립중앙박물관에 계셨던 윤무병 선생이 1974년에 박물관장으로 부임하면서부터였지만, 그와 같은 물리적 환경을 조성한 것은 청산이었다. 이후 박물관과 백제연구소를 중심으로 충청지역에 대한 체계적인 문화유산 조사와 학술연구가 이루어졌다. 박물관은 문화유산에 대한 조사를 추진하고, 연구소는 현장에서 수집된 자료를 바탕으로 연구와 학술발표를 통해 연구성과를 학계 및 연구자와 공유하고자 하였다. 그 과정에서 많은 연구자가 배출되어 대학을 비롯해 관련분야에 진출할 수 있었다. 당시 청산과 함께 현장을 누볐던 조교와 대학원생들이 대학에 자리를 잡아 많은 연구업적을 쌓고 후학들을 배출하고 있다.

오다 후지오 선생과 함께(일본, 시모노세키 박물관)

청산은 백제 산성과 도성 연구를 계기로 일본 학계와 성곽 연구자들과의 교류도 활발하게 추진하였다. 특히 福岡大學 오다 후지오(小田富士雄) 선생과는 평생을 학문적 동반자로 교류하였으며, 여러 차례 일본의 대학과 연구기관에서 특강을 하였다. 그리고 백제 성곽에 관한 연구과정에서 자연스럽게 중국의 고대 도성제도에도 관심을 갖게 되었는데, 1985년 9월부터 1986년 8월까지 1년간 대만국립사범대학교에 교환교수로 가면서 본격적인 연구를 할 수 있었다. 청산은 교환교수 기간에 대만국립사범대학에 재학하고 있는 한국출신 대학원생을 위해 개설한 〈중국문화 교류사〉 등 강좌를 담당하였는데, 양국의 성곽에 관련한 내용을 강의주제로 선택하였다. 그리고 당시 강의를 위해 교재로 이용하였던 중국의 성곽 관련 책자를 번역하여 『中國都城發達史』를 출간하였다. 이 번역서는 중국의 역대 도성을 역사지리적인 측면에서 서술한 것으로, 도성의 형성과 변천과정을 체계적으로 정리하여 도성 연구자들에게는 개설서의 성격을 지니고 있었다. 이는 본인의 연구뿐만 아니라 한국의 도성연구자들에게 기초적인 연구자료를 제공하였다는 점에서도 그 의미가 적지 않다.

청산은 1981년 9월부터 1985년 8월까지 백제연구소장, 1987년 4월부터 1991년 3월까지 박물관장을 지내면서 당신이 창설했던 백제연구소와 박물관의 발전을 위해 재임기간 마지막까지 열정을 바쳤다. 그리고 1993년부터 1994년 8월까지 국사학과장으로서 후학교육의 마지막 소임을 다하고, 1994년 8월 31일에 영광스러운 정년퇴임을 맞이하였다.

청산은 항상 매죽헌의 후손임을 자랑스럽게 생각하였는데, 퇴임 후에는 당신이 태어난 달전리 문절사 동네의 재실에 기거하면서 성삼문 선생을 현창하는 일에 매진하였다. 2000년부터는 성삼문 선생 기념사업회 회장을 맡아 사비를 들여가면서 매년 추모제를 거행하였으며, 2006년에는 필생의 과제로 삼았던 성삼문 선생의 일대기인 『충신 성삼문』(2010)을 집필하였다. 이로써 매죽헌 성삼문 선생에 대한 후손으로서의 심적 부담을 일정 부분 면하였다. 그런데 안타깝게도 집필과정에서 과로로 인해 얻은 혈액암으로 수년간 큰 고초를 겪으셨지만, 끝내 그 어려움을 감내하고 건강을 다시 회복하였다. 그리고 2011년에는 『성삼문 선생 연구논문집』과 할아버지(酉山), 아버지(小山), 그리고 본인(聽山)의 시문 등 515수를 모아 『三山詩集-酉山, 小山, 聽山』(2011)을 발간하여 가학(家學)의 전통을 계승하였다. 이를 끝으로 2011년 10월 30일 향년 83세로 영면하셨다. 청산이 평소에 마음의 빚으로 여겨오던 과제를 마친 홀가분한 마음이었고, 매죽헌 선생 앞에서 부끄럽지 않은 후손이었음에 스스로 안도하셨을 것으로 생각된다.

청산이 발표한 글을 보면 재착(再齪), 삼착(三齪)의 논고가 있는데, 이는 새로운 자료의 증가로 인해 끊임없이 자신의 견해를 바로잡는데 거리낌이 없었다는 사실을 보여준다. 유교적 신의와 성실을 강조하시고, 스스로 노학도(老學徒)라 칭하며 주자(朱子)의 권학시(勸學詩)를 즐기셨던 청산은 필생을 후학양성과 학문연구에 정진했던 겸손한 연구자이자 교육자였다.

정년 퇴임 기념 리셉션(1994. 8. 30., 좌측에서 두 번째)

정년 퇴임 기념(충남대학교 서문)

3

청산(聽山)의 백제 성곽 연구

청산(聽山)은 백제사와 지역사 연구를 위한 물리적 토대를 마련하였고, 스스로는 백제시대의 성곽 조사와 연구에 일생을 바쳤다. 청산의 연구성과를 총람해 보면, 관심분야는 크게 세 부분으로 나누어 볼 수 있다. 백제 산성, 백제 도성, 그리고 사상사 분야에 대한 연구이다. 이 가운데 청산의 주된 연구분야는 백제 산성과 도성이었다. 1968년 박물관을 창설하고 백제산성에 대한 조사를 본격적으로 시작하면서 백제 성곽에 관심을 갖고 필생의 연구주제로 삼았던 것이다.

3.1 백제 산성 연구

우리나라 고대국가의 하나였던 백제는 산성의 나라라고 불릴 정도로 많은 산성을 축조하였다. 현재 남한에 분포되어 있는 성곽은 대략 2,300여 개소 내외로 알려져 있는데, 그 가운데 백제시대 성곽은 약 800여 개소로 추정되고 있다. 백제시대의 산성은 관방의 중심이었을 뿐만 아니라 지방행정의 중심지이기도 하였다. 따라서 백제 산성에 관한 조사 · 연구는 백제 관방체계와 지방통치제도 연구의 시작점이라고 할 수 있으며, 청산의 백제 산성 연구는 백제사의 다양한 연구분야에 영향을 주게 되었다.

백제 성곽에 대한 조사는 이미 일제강점기부터 시작되었지만 주로 왕성 관련 유적을 중심으로 이루어졌다. 따라서 산성의 경우 왕성을 중심으로 관방체계를 이루고 있는 왕도 주변지역 산성에 대한 현황파악 정도에 그치는 경우가 대부분이었다. 현재는 성곽연구가 역사고고학에서 중요한 분야를 차지하고 있고, 성곽조사를 위한 방법론이 책자로 발간되고 있을 정도이다. 또한 성곽학회를 중심으로 활발한 연구활동이 이루어지고 있다.

청산이 본격적으로 백제 산성을 조사하기 시작한 것은 1970년부터였다. 청산이 처음 산성조사를 시작할 무렵은 조사방법론도 정립되어 있지 않았고, 조사사례도 거의 없었다. 그리고 초기의 산성조사는 주로 지표조사를 통한 방식이었는데, 직접 산성을 답사하여 성의 규모와 구조 · 축조방식 등을 파악하는 한편 수습한 유물 등을 통해 축조 시기와 성격 등을 비정하는 것이었다. 현재는 산성의 규모를 조사하는데 GPS 등 첨단기기를 이용하여 쉽게 할 수 있지만, 당시에는 평판측량을 하거나 줄자를 가지고 외관상 확인되는 성벽을 실측하는 방식이었기 때문에 조사과정에서 많은 어려움이 있었다. 그로 인해 정확도 측면에서는 한계가 있을 수밖에 없었지만, 제대로 된 자료가 거의 없던 시절 기초자료를 제공하였다는 점에서 그 의의가 크다고 할 수 있다.

청산이 산성조사를 시작했던 시기는 개인 승용차가 없던 시절이기도 하였다. 따라서 산성조사를 위해서는 대중교통을 이용해야만 했고, 대중교통이 닿지않는 지역은 인근에서 내려 도보로 이동해야만 했다. 산성은 대부분 높은 산의 정상부 가까이에 위치하였기 때문에 산성 한 개를 조사하기 위해서는 하루종일 산 속을 걸어야만 했다. 그나마 다행인 것은 당시만 해도 산에는 나무가 많지않아 가시성이 좋고 조사에 수월한 부분이 있었다는 점이다. 산성은 대부분 높은 산악지대에 위치하고 있기 때문에 오늘날에는 숲이 우거져 외관상 확인하기 어려울 뿐만 아니라 현장에 접근하기조차 어려운 경우도 많다. 또한 고고자료에 대한 조사는 대부분 개발과정에서 이루어지는데, 산성의 경우 개발이 어려운 산지에 위치하기 때문에 조사에도 한계가 있다. 현재는 학술적인 목적으로 체계적인 조사가 이루어지는 경우도 있지만, 여전히 산성에 대한 조사에는 많은 제약이 따르고 있다. 따라서 청산이 당시에 조사했던 자료는 오늘날에도 여전히 유용한 연구자료로 활용되고 있다.

그런데 청산의 산성 연구는 단순히 산성의 현황조사에 그치지 않고 그 결과를 문헌자료와의 비교검토를 통해 역사지리적 고증을 하였다는 점에 특징이 있다. 그 동안 백제사 연구는 문헌사적 검토가 대부분이었지만, 기록자료의 부족으로 제한적일 수밖에 없었다. 그런데 1971년 무령왕릉의 발굴은 백제사 연구에 있어서 고고학의 중요성을 각성시켜 주는 계기가 되었다. 청산은 고고유적에 대한 현장조사의 필요성을 일찍부터 인식하고 있었기 때문에 박물관을 설립한 이후부터 대전부근을 중심으로 산성조사를 시작하여 그 범위를 충청지역으로 확대하였다. 백제 산성에 대한 체계적인 현장조사는 청산이 박물관의 고고과장을 맡으면서 본격적으로 시작되었다고 할 수 있다.

보은 삼년산성 실측조사(1976년, 앞줄 좌측)

구성동산성 조사(1983년)

발굴조사 모습(1977년)

발굴현장 모습(1970년대, 우측에서 세 번째)

청산은 산성 연구가 백제시대 관방 문제에 한정되지 않고 경제 · 사회 · 문화 등 전반을 이해하는데 있어서도 매우 중요하다는 사실을 잘 이해하고 그 조사에 심혈을 기울였던 것이다. 초창기에는 대부분 지표조사에 의한 기초적인 현황 파악 및 유물수습 등이었지만 새로운 자료를 소개하는 것이었기 때문에 학계에 미치는 영향은 매우 컸다고 할 수 있다.

1971년부터 시작한 대전 · 옥천 · 영동 · 금산지역 산성조사는 백제산성 연구의 효시가 되었다. 이후 매년 대전과 충남의 각 시 · 군 지역 산성에 대한 지표조사를 실시하고 그 결과를 충남대학교 백제연구소 학술지인『백제연구』에 발표하였다. 이는 성곽연구에 필요한 기초자료를 제공하였을 뿐만 아니라 백제 지방통치와 치소의 위치, 교통로 및 국경선 문제 등을 연구하는데 크게 도움이 되었다. 또한 청산은 지표조사를 통해 확보된 자료를 바탕으로 기존의 문헌자료에 대한 역사지리적 고증을 더해 연구를 한 단계 심화시켰다. 기존에 산성관련 연구는 지표조사와 같은 고고학적인 방법을 통해 산성의 구조나 축조방법 등을 소개하거나 또는 지명에 대한 비교연구와 같은 어문학적 방법을 통해 일부 이루어졌을 뿐이었다. 청산은 고고학적인 조사방법을 통한 실증적 연구와 함께 문헌자료와의 비교를 통한 역사지리적인 연구를 시도함으로써, 산성이 내포하고 있는 역사적 배경까지 파악하고자 하였다. 그 과정에서 발표된 논문들을 보면 다음과 같다.

1973,「助川城의 位置에 대하여」,『백제연구』4, 충남대학교 백제연구소.

1974,「大田附近 古代 城址考」,『백제연구』5, 충남대학교 백제연구소.

1975,「百濟山城 硏究-忠南 論山郡 連山面 所在 '黃山城'을 中心으로」,『백제연구』6, 충남대학교 백제연구소.

1976,「新羅 三年山城 硏究」,『백제연구』 7, 충남대학교 백제연구소.

1977,「錦山地方 城址調査報告書」,『논문집』 4-3호, 충남대학교 인문과학연구소.

1977,「百濟山城의 新類型」,『백제연구』 8, 충남대학교 백제연구소(윤무병 · 성주탁).

1979,『報恩 三年山城 基礎調査報告書』, 보은군.

1984,「大田 甲川流域 百濟城址考」,『윤무병박사 회갑기념논총』.

1984,「百濟 城郭硏究」,『백제연구』 15, 충남대학교 백제연구소.

1985,「百濟 新村縣 治所의 位置 比定에 관한 硏究」,『백제논총』 1, 백제문화개발연구원.

1986,「百濟城址와 文獻史料-大木岳郡 · 甘買縣 · 仇知縣을 中心으로-」,『백제연구』 17, 충남대학교 백제연구소.

1987,「百濟 昧谷縣과 昧谷山城의 歷史地理的 管見」,『三佛金元龍敎授停年退任紀念論叢Ⅲ-美術史學, 歷史學, 人類民俗學編-』, 일지사.

1987,「馬韓 · 初期百濟史에 대한 歷史地理的 管見」,『마한 · 백제연구』 10, 원광대학교 마한백제문화연구소.

1990,「百濟 末期 國境線에 대한 考察」,『백제연구』 21, 충남대학교 백제연구소.

1990,「百濟 炭峴 小考-김유신 장군의 백제공격로를 중심으로-」,『백제논총』 2, 백제문화개발연구원.

1997,「唐 縣城과 百濟 縣城의 比較考察-高昌 · 交河 兩城과 百濟 所比浦縣城」,『실크로드文化와 韓國文化-硏究史 · 總論 · 考古 · 美術』, 충남대학교 인문과학연구소.

위의 논문 가운데 「大田附近 古代 城址考」는 1971년부터 1974년에 걸쳐 대전 부근 38개소의 산성과 보루를 조사한 결과를 종합한 것으로, 충청지역 산성조사 및 연구의 시발점이 되었다고 할 수 있다. 당시 조사한 산성은 대전 서북부와 동부 · 남부일대, 그리고 옥천 서북부지역으로 백제와 신라의 접경지대를 중심으로 분포하였던 것이다. 논문의 주요 내용은 38개 산성과 보루에 대한 현황 조사와 함께 관련 기록에 대한 상세한 검토가 이루어졌다. 내용을 살펴 보면, 구성리산성은 백제 노사지현의 치소성, 봉곡리산성(현 흑석동산성)은 진현현의 치소성에 비정함으로써 지방의 행정치소와 산성의 관계를 고증하였다. 그리고 성북리산성과 사정성에서 수습한 명문와는 현재까지도 백제산성의 성격을 이해하는 기초자료가 되고 있다. 또한 계족산성과 보문산성의 조사는 이후 발굴로 이어져 산성의 축조방식과 축성주체 등을 연구하는데 많은 학술자료를 제공할 수 있게 되었다. 옥천지역의 환산성, 금산의 탄현 등에 대한 조사는 이후 관산성전투, 황산벌전투와 탄현에 대한 관심을 제고시켰다. 이 논문은 이후 청산이 백제 성곽을 연구하는데 있어서 길라잡이가 되었으며, 많은 연구사적 의의를 지니고 있다.

그리고 당시 영동일대 산성조사 결과를 토대로 「助川城의 位置에 대하여」(1973)를 발표하였다. 청산은 비봉산(영동군 양산면)에서 조사한 성지를 조천성에 비정하였는데, 조천성은 655년 백제와 신라가 전투를 벌였던 산성으로 수차례의 지표조사를 통해 확인하고 문헌기록과 주변지역에 대한 답사를 통해 고증하였다. 삼국시대 충청지역은 백제와 신라의 접경지대로 산성의 축조가 활발하게 이루어졌는데, 신라 역시 영역 팽창과정에서 다수의 산성을 축조하였다. 특히 신라가 보은에 쌓은 삼년산성은 3년간 축조하였다고 해서 삼년산성이라는 이름을 갖게 되었는데, 청산은 처음으로 삼년산성에 대한 조사를 실시하였다. 삼년산성은 장방형의 판석형 석재를 '정자식(井字式)'으로 쌓았는데, 이는 신라식 축성법의 특징으로 파악하였고, 치성(雉城) 역시 신라방식으로 이해하였다(「新羅 三年山城 硏究」, 1977). 현재는 치성의 존재가 백제와 고구려 산성에서도 확인되고 있으나 당시에는 산성에 대한 조사가 거의 이루어지지 않아 비교할 수 있는 사례가 적었기 때문이지만, 선행연구로서의 학술적 의의를 지닌다고 할 수 있다.

백제시대 산성은 관방시설로서의 성격 이외에도 각 지역의 중심에 위치한 산성은 지방의 행정치소로서의 기능도 가지고 있었다. 청산이 조사한 산성은 신촌현(보령), 대목악군(목천), 감매현(풍세), 구지현(전의), 매곡현(회인), 소비포현(회덕) 등 지방의 행정치소성을 밝히는 기초자료가 되었다. 그리고 이 지역 산성들에 대한 조사결과를 종합한 「百濟 末期 國境線에 대한 考察」(1990)을 통해 백제말기 백제와 신라의 국경선 문제를 고고자료로 증명하고자 하였다. 특히 금산, 대전, 영동 일대에 분포하고 있었던 산성에 대한 조사는 성곽연구에 있어서 뿐만 아니라 삼국말기 백제와 신라의 정치외교적 관계를 연구하는데 중요한 고고자료를 제공하였다. 삼국시대 말기에 이들 지역이 백제와 신라의 국경지대를 형성하고 있었지만, 문헌기록만으로 실상을 파악하는데는 한계가 있었기 때문이다.

관산성 설명 장면
(제155회 역사스페셜, 2002년)

또한 논산 황산성에 대한 조사(1975)는 660년 계백의 5천 결사대와 신라 5만군이 국가의 명운을 걸고 싸운 황산벌전투를 비롯해 지방통치체제 연구의 기초적 자료를 제공하였다. 기존에 황산성의 명칭은 '함지산성', '북산성' 등 다양하게 지칭되었는데, 이를 황산벌과의 관련성을 부각시켜 '황산성'으로 확정하였고 현재 통용되고 있다. 그리고 지표조사 과정에서 명문와를 수습하였는데, '황산인방(黃山寅方)'으로 추정하고 인방(寅方)이 동방(東方)을 나타내므로 백제 5방성 가운데 동방성인 득안성과의 연계성을 구명함으로써 백제 지방통치체제 연구의 단초를 열었다. 특히 황산성 조사과정에서 외성리산성, 청동리산성, 모촌리산성 등을 함께 조사하였는데, 이를 황산벌전투시 계백장군이 설치한 삼영의 위치로 비정함으로써 황산벌전투에 대한 실증적 연구를 시도하였다. 아울러 금산지방 성지에 대한 조사과정에서 확보한 자료를 통해 신라 5만군이 넘은 탄현의 위치를 파악하고, 「百濟 炭峴 小考-김유신 장군의 백제공격로를 중심으로-」에서 탄현 등에 대한 역사지리적 고증을 통해 그 위치를 구체적으로 비정하였다. 나아가 백제멸망기에 연산 황산벌에서 벌어진 계백의 5천 결사대와 신라 5만군의 황산벌전투 전개과정을 구체적으로 논증하였다. 아직 학계에서 탄현의 위치에 대해서는 다양한 견해가 제기되고 있다. 그렇지만 탄현을 침현(沈峴)이라고도 한 사실과 진산지역에 대한 지표조사를 통해 확인된 숯고개와 수심대(水心臺), 부암리(浮岩里) 지명 등을 근거로 탄현을 진산의 숯고개에 비정한 청산의 연구는 고고자료와 문헌자료를 융합한 실증적 역사연구의 실례를 보여주었으며, 학계에 하나의 정설로 자리잡고 있다.

1977년에 윤무병 선생과 공동집필한 「百濟山城의 新類型」은 백제 산성의 형식을 새롭게 분류한 것으로 테뫼식과 포곡식을 결합한 새로운 형식인 복합식산성의 개념을 도출하였다. 이러한 개념은 백제산성 연구에 많은 영향을 주었다. 현재 발굴조사의 증가로 그 개념에 대해서는 새롭게 해석될 여지가 생겼지만 연구방향을 제시하였다는 점에서 그 의의가 있다.

청산은 산성에 대한 고고학적 조사 및 역사지리적 고증을 통한 연구논문 이외에도 발굴조사 및 지표조사를 통해 확보된 자료를 지속적으로 학술지에 게재하여 학계에 새로운 연구자료를 제공하였다.

1974,「대전지방 출토 청동제유물」,『백제연구』5, 충남대학교 백제연구소.

1985,「稷山 蛇山城 發掘調査 中間報告書-1985年度 第一次 發掘」,『백제연구』16, 충남대학교 백제연구소.

1985,「보령 진당산성 조사보고」,『문산김삼룡박사 화갑기념 한국문화와 원불교사상』, 원광대학교 출판국.

1991,「百濟 所比浦縣城址(一名 德津山城) 調査報告」,『백제연구』22, 충남대학교 백제연구소.

1991,『青陽地方 山城調査 報告書』, 청양군.

청산의 백제산성 연구는 국내뿐만 아니라 일본에서의 백제계 산성 연구에도 영향을 주었으며, 일본연구자들과의 교류로 이어졌다. 백제산성과 일본 백제계 산성과의 비교 연구를 위해 여러 차례 일본지역 관련 산성들을 답사하였으며, 그 과정에서 일본 연구자들과 인적교류가 이루어졌다. 일본지역 백제계 산성에 대한 조사내용은 다음의 논고를 통해 발표하였다.

1988,「日本菊智城の性格」,『先史・古代の韓國と日本』, 築地書館.

1989,「韓國 古代山城의 日本傳播」,『國史館論叢』2, 국사편찬위원회.

1993,「韓・日 古代 城門礎石 初探」,『古文化談叢』30(中), 九州古文化研究會.

2004,「日本 九州에 있는 百濟系 山城」,『百濟城址研究(續編)』, 서경.

일본 帝塚山대학 초청강연(1995년)

백제는 4세기 후반 일본과 공식적인 외교관계를 맺은 이후 지속적으로 사신을 파견하고 학자와 공인 등을 통해 선진적인 문물을 전수하였다. 그리고 그 반대급부로 군사적 외교적 지원을 받았다. 백제 멸망과정에서 왜가 2만 7천명의 구원병을 파견하기도 하였지만 백제는 결국 나당군에 의해 멸망되고 많은 백제유민들이 일본으로 망명하였다. 이때 망명한 백제의 지식인들이 일본의 조정에 참여하였는데, 일본조정에서는 나당군의 침략을 우려해 서일본지역에 다수의 산성을 축조하였다. 일본 연구자들은 일본 서부지역 산성 가운데 백제인들에 의해 축성된 것을 조선식산성, 계보가 불분명한 것을 신농석계(神籠石系) 산성으로 분류하였다. 청산은 「韓國古代山城의 日本傳播」(1989)에서 조선식산성은 백제계산성, 신농석계산성은 한국계산성으로 분류함으로써 서일본 지역에 축조된 산성에 끼친 백제산성의 영향에 대해 분명하게 정리하였다. 이를 위해 문헌기록과 함께 도성 체제, 성의 규모와 입지조건, 축성기법과 축성연대, 성의 기능과 구조 등에 대한 비교 고찰을 시도하였다. 그리고 한국계 산성에서는 백제적인 요소뿐만 아니라 고구려나 신라적인 요소도 나타나고 있지만, 이들은 일본 백제계산성에서도 확인되는 것과 같은 유형으로 파악하였다. 즉, 일본에서 확인되는 백제계산성과 한국계산성 모두 백제산성의 영향을 받았다고 본 것이다.

3.2 백제 도성 연구

산성에 관한 연구는 자연스럽게 백제 도성에 대한 관심으로 이어졌다. 우리나라 고대국가는 성읍국가(城邑國家)로부터 시작하였기 때문에 성의 기원은 국가의 출현과 밀접한 관계를 맺고 있다. 따라서 도성에 관한 연구는 고대국가의 발전과정을 이해하는데 매우 중요하다. 그리고 도성은 주변의 산성유적과 유기적인 방어체계를 구축하고 있기 때문에 산성에 관한 연구는 자연스럽게 도성 연구로 이어졌다고 볼 수 있다.

백제는 여러 차례 천도가 이루어졌는데, 그로 인해 왕도였던 서울, 공주, 부여에 도성이 존재하였다. 그리고 왕도는 정치 · 경제 · 문화의 중심이었으며, 왕도의 이동은 정치세력의 변동을 초래하였다. 따라서 왕도에 관한 연구는 백제사 연구의 핵심이었으며, 왕도에서 가장 중요한 요소는 도성의 핵심시설인 성곽이라고 할 수 있다. 청산은 백제의 수도였던 이 지역들에서 왕성으로 비정되는 성곽과 방어체계를 이루고 있는 주변의 산성들에 대한 지표조사와 문헌조사를 통해 실증적 연구를 추구하였다. 공식적으로 발표된 백제 도성관련 연구논문은 다음과 같다.

1980,「百濟 熊津城과 泗沘城 硏究」,『백제연구』11, 충남대학교 백제연구소.

1982,「百濟泗沘都城硏究」,『백제연구』13, 충남대학교 백제연구소.

1983,「漢江流域 百濟初期 城址硏究-夢村土城.二聖山城 調査와 文獻

과의 比較檢討」,『백제연구』 14, 충남대학교 백제연구소.
1985,「都城-百濟-」,『한국사론』 15, 국사편찬위원회.
1993,「百濟 泗沘都城 再齔-發掘調査資料를 中心으로-」,『국사관논총』 45, 국사편찬위원회.
1994,「韓國의 古代 都城」,『東洋 都市史 속의 서울』, 서울시정개발연구원.
1995,「漢江流域 百濟初期 城址 재착-몽촌토성과 이성산성의 발굴보고자료를 중심으로-」,『논문집』 22권 제2호, 충남대학교 인문과학연구소.
1997,「百濟 熊津城硏究 再齔」,『百濟의 中央과 地方』, 충남대학교 백제연구소.
1998,「百濟 泗沘都城 三齔」,『백제연구』 28, 충남대학교 백제연구소.
2000,「泗沘都城과 百濟의 城廓」,『사비도성과 백제의 성곽』, 국립부여문화재연구소.
2002,「百濟河南慰禮城」,『百濟城址硏究』, 서경.

백제 도성에 관한 연구는 직접 유적을 답사하고 문헌자료와의 비교 검토를 통해 실증적인 방법으로 진행하였다. 먼저, 웅진성과 사비도성에 대한 고고학적인 현지조사, 역사지리적 고찰, 주변의 방어시설 등에 대한 종합적인 검토가 이루어졌으며, 이후 발굴성과가 축적됨에 따라 그 결과를 수용하여 본인의 견해를 보완해 나갔다.

공산성 공북루 주변 실측조사(중앙)

공산성 성벽조사 모습

백제는 475년 고구려 장수왕의 침략을 받아 한성이 함락되고 개로왕은 죽임을 당하였다. 그로 인해 문주왕은 그 해 10월에 웅진(공주)으로 왕도를 옮겼다. 웅진도읍기의 왕성이 웅진성, 즉 공산성이다. 웅진성에 대한 연구에서는 왕궁의 위치를 공산성 밖에서 구하였고, 공산성은 원림역할을 했을 것으로 이해하였다. 그리고 웅진기 나성의 존재에 대해 처음에는 긍정하였으나, 고고학적인 조사가 축적되면서 이를 수정하기도 하였다. 그렇지만 왕궁의 위치는 공산성 남측에 비정하는 견해를 견지하였다. 왕궁터를 공산성 남측에서 구하는 견해는 현재에도 일부 연구자들에 의해 받아들여지고 있지만, 공산성 내부와 주변지역에 대한 발굴조사 결과 왕궁은 공산성 내부에 위치하였을 것으로 보는 견해가 일반적이라고 할 수 있다.

부소산성 조사당시의 모습(1978년, 우측에서 세 번째)

백제 26대 왕인 성왕은 538년 웅진(공주)에서 사비(부여)로 다시 왕도를 옮겼다. 성왕이 사비로 도읍을 옮긴 배경은 웅진지역이 왕도로서 너무 협소하였기 때문이다. 청산은 사비도성 연구에서 왕궁의 위치를 부소산성 남측의 조선시대 관아터에 비정하고, 왕도 5부제, 나성과 부소산성의 축조 시기 문제 등을 고증하였다. 그 결과 부소산성이 처음 축조된 것은 동성왕대, 나성은 무왕 6년(605)에 완성하였을 것으로 비정하였다. 그런데 1990년대부터 부소산성에 대한 발굴조사가 본격적으로 이루어져 새로운 자료가 지속적으로 확인되었다. 동문지에서는 '대통(大通)'명의 글씨가 새겨진 기와편이 출토되어 부소산성이 527~528년에 축조되었을 가능성이 있고, 나성의 축조는 능산리사지에서 출토된 창왕명석조사리감 명문에 의해 567년경으로 파악되었다. 그로 인해 청산은 자신의 견해를 수정하는 논문을 다시 발표하였다.

그리고 백제 도성의 특성인 평지성의 배후에 산성을 배치하는 구조는 웅진성을 조형(祖型)으로 하고, 하남위례성(몽촌토성)에 뿌리를 두고 있다고 보았다. 이와 같은 연구결과를 바탕으로 백제 도성배치의 특징을 강의 남안 구릉지에 입지하는 것으로 파악하였는데, 이는 학계에서 일반론으로 받아들여지고 있다. 또한 평지성+산성의 배치구조는 고구려의 장안성에서 유래하였을 것으로 파악하였다. 청산은 백제문화가 고구려문화의 영향을 많이 받았음에 주목하였다. 또한 사비도성의 경우 지형적으로 원형에 가깝고 중앙에 금성산이 자리잡고 있어 질서정연한 조방제가 실시되기는 어려웠을 것으로 파악하였는데, 이러한 견해는 아직까지 대부분의 연구자들이 수용하고 있는 부분이다.

웅진·사비도성 연구는 백제 초기의 왕성이었던 하남위례성에 대한 연구로 이어졌다. 백제의 시조 온조는 북으로부터 내려와 한성(서울)에 도읍하였다. 청산은 한성기 왕도였던 하남위례성과 도성의 특성을 밝히기 위해서 유적을 여러 차례 답사하였으며, 고구려·낙랑뿐만 아니라 신라나 중국 도성 등 주변국가와의 비교 연구를 시도하였다. 청산은 온조왕 14년에 도읍한 하남위례성을 몽촌토성에 비정하고, 근초고왕 26년에 옮긴 한산을 하남시 춘궁동 일대와 이성산성으로 비정하였다. 그리고 한산의 명칭에 대해서는 북한산성이 있는 강북의 한산과 남한산성이 있는 강남의 한산을 포함하여 광범위하게 사용된 지명으로 파악하였다. 위례성과 한성의 관계는 백제초기에 위례성의 명칭을 사용하다가 광범위한 도성의 명칭인 한성으로 발전했을 것으로 파악한 것이다.

풍납동토성 조사(1983년)

청산은 한성기 도성의 성격에 관한 연구를 기반으로 하여 백제 도성의 변천과정을 이해하고자 하였다. 도성의 발전은 국가의 발전단계와 밀접한 관계가 있다. 청산의 도성 연구는 백제국가의 발전단계를 파악하는데 있어서도 유의미하였다고 볼 수 있다. 그런데 한성기 도성유적은 1980년대부터 본격적으로 발굴조사가 이루어졌다. 그 결과 한성기 왕성의 성격을 새롭게 파악할 수 있었다. 이에 청산은 한성기 성곽에 대한 재검토를 통해 몽촌토성과 함께 풍납동토성을 왕성의 하나로 이해하였다. 고고자료는 발굴을 통해 새로운 자료가 출현하기 때문에 기존의 논리와 관점은 항상 변동할 수밖에 없다는 점을 고려하지 않으면 안된다.

그리고 백제도성의 문화적 계통에 있어서 대부분의 연구자는 중국 남조문화(건강성 등)의 영향을 주목하였지만 청산은 정림사지 출토 도용, 남조 예학의 연원이 정현의 학통을 계승한 최영은에 있다는 사실, 북조계통의 불상 양식 등을 근거로 백제가 남·북조의 문화를 광범위하게 수용하였다고 보았다. 이러한 견해는 다양한 관점에서 백제의 문화적 계통을 파악하고자 했던 것인데, 현재 남조뿐만 아니라 북조문화의 영향도 주목되고 있다.

그렇지만 초창기 연구의 경우 대부분 지표조사를 통해 확보된 자료를 이용하였기 때문에 근본적인 한계가 있을 수밖에 없었다.

하남위례성을 몽촌토성에 비정하고, 웅진기 왕성을 공산성 밖 남쪽에 비정한 것이나, 나성과 부소산성의 축조를 무왕대로 본 견해 등이 그것이다. 그렇지만 선구적인 연구로서 보다 심화된 연구를 촉발시켰으며, 또한 발굴조사 등을 통해 새로운 자료가 나오면 자신의 견해를 과감하게 수정하였다. 청산의 논문에 '재착(再齪)', '삼착(三齪)'의 제목이 붙은 논고가 있는데, 이는 발굴조사를 통해 새로운 자료가 출토됨에 따라 기존의 논지를 지속적으로 보완하였기 때문이다. 자신의 견해에 오류가 있을 경우 이를 수정 보완하는 청산의 학문적 자세를 보여주는 것이며, 스스로 노학도(老學徒)라고 칭한 이유이기도 하다.

백제 도성에 대한 관심은 주변 국가들의 도성제에도 관심을 갖게 하였다. 중국의 도성제와 일본의 도성에 대한 연구를 통해 삼국의 문화적 영향과 그 관계를 파악하고자 하였다.

1989,「韓·中 古代 都城築造에 관한 比較史的 考察」,『백제연구』 20, 충남대학교 백제연구소.

1993,「太宰府城廓と百濟泗沘都城との比較考察」,『考古學ジャーナル』369, ニューサイエンス社.

「韓·中 古代 都城築造에 관한 比較史的 考察」에서는 한·중 고대 도성의 기원과 위치, 축성기법, 성제(城制) 등에 대한 비교연구를 통해 한국 고대 도성의 출현과 형성과정을 파악하고자 하였다. 이 과정에서 한국 고대 도성이 중국 도성제의 일방적 영향을 받았다기 보다는 상호 교류적 측면이 있음을 밝혔다. 즉, 왕궁이 북쪽에 위치하고 조당(朝堂)이 남쪽에 위치하는 방식은 우리나라에서 북위를 통해 중국으로 수용되었다고 보았다. 특히 낙랑문화의 영향을 주목하였는데, 최근 경기도 일대에서 이루어진 발굴조사에서 낙랑문화의 영향을 받은 것으로 보이는 유물들이 다수 확인되고 있다.

그리고 「太宰府城廓と百濟泗沘都城との比較考察」에서는 태재부성(太宰府城)과 사비도성의 평면계획, 조방제, 나성의 존재, 배후산성의 문제 등을 비교 검토하여 각각의 문화적 성격을 파악하였다.

중국의 도성제에 대한 관심으로 『中國都城發達史』(董鑒泓 主編·성주탁 역, 1993, 학연문화사)라는 번역본을 출간하게 되었다. 이 번역본의 내용은 중국 원시 주거지의 형성과 성의 발생, 은 · 주시대부터 명 · 청대에 이르기까지 전 왕조의 도성을 개관한 것으로 중국 역대 도성의 발달과 변천과정을 한 눈에 파악할 수 있는 것이다.

이들 도성과 산성 관련 논문을 모아 2002년에 『百濟城址硏究』(서경), 2004년에 『百濟城址硏究(續編)』(서경)을 발간하였다. 이 두 편의 저서는 청산이 백제 산성과 도성 연구에 바친 열정과 노력의 일부라고 하겠다.

3.3 사상사에 대한 연구

전술한 것과 같이 청산은 일찍부터 백제사 연구에 있어서 고고자료의 중요성을 인식하고 충남대학교에 박물관과 백제연구소를 설립하여 문화유산 조사에 많은 관심과 노력을 쏟았다. 그 무렵 공주 송산리고분군에서 백제 제25대 왕이었던 무령왕(재위 501년~523년)의 무덤이 발견되었다. 당시까지 무령왕릉의 존재는 알려져있지 않았다. 송산리고분군은 백제 웅진기에 재위했던 왕들의 무덤군이다. 그 가운데 벽화가 그려진 고분인 6호분 내부에 결로 현상이 생겨 봉분 북쪽 경사면에 빗물 등을 차단하기 위한 배수시설 공사를 하던 중 무령왕릉이 확인된 것이다. 무령왕릉은 도굴이 안된 고분으로 1971년 7월 발굴조사가 이루어졌으며, 108종 4,600여 점의 유물이 출토되었다. 그 중 지석의 명문내용을 통해 무령왕의 무덤이라는 사실을 알 수 있었다. 백제사 연구는 무령왕릉의 발굴 이전과 이후로 구분된다고 할 정도로 큰 변화를 일으켰다.

무령왕릉의 발굴은 청산에게도 큰 충격을 주었다. 문헌자료가 부족했던 백제사 연구에 있어서 고고자료의 필요성을 절감하고 있었던 청산에게 무령왕릉의 발굴은 고고자료의 중요성을 재인식하는 계기가 되었으며, 이를 계기로 백제사에 대한 연구를 더욱 본격적으로 시작하게 되었기 때문이다. 청산은 무령왕릉 출토품에 대한 연구를 통해 백제문화의 사상사적인 측면을 찾아보고자 하였다. 유학에 대한 해박한 지식을 바탕으로 지석과 출토유물(석수, 동자상)에 함축된 전통사상을 구명하려는 시도였다고 볼 수 있다. 무령왕릉 관련 연구로는 다음의 논고가 있다.

1971, 「武寧王陵」, 『백제연구』 2, 충남대학교 백제연구소.

1979, 「武寧王陵出土 '童子像'에 대하여」, 『백제연구』 10, 충남대학교 백

제연구소.

1988,「武寧王陵 石獸 鐵製 '角'의 意味」,『蕉雨 黃壽永博士古稀紀念 美術史學論叢』, 통문관.

1991,「武寧王陵 誌石의 形態와 內容」,『백제무령왕릉』, 공주대학교·충청남도.

1991,「武寧王陵 出土 誌石에 대한 硏究」,『백제문화』 21, 충남대학교 백제연구소.

2007,「무령왕릉 출토 지석」,『웅진도읍기의 백제』, 충청남도역사문화연구원.

무령왕릉 출토 유물의 성격 설명 모습
(제194회 역사스페셜, 2003년)

위의 논문에서 검토한 내용 가운데 특징적인 점을 간략하게 살펴보면 다음과 같다. 동자상에 대한 연구에서는 동자상이 일반적으로 기복과 벽사 등의 목적으로 만들어진 것으로만 추정되었는데, 유리제 장식품에서 모티브를 가져와 왕비 생존시 수호신 성격의 민속신앙적 대상으로 제작되었을 것으로 파악하였다. 그리고 동자상의 성격을 유교의 입장에서 천(天)·지(地)·인(人) 삼재(三才)의 원리를 통해 설명하고 있다. 또한 석수는 역학의 삼재원리(三才原理)를 내포한 것으로, 각(角)은 대부분의 연구자가 수지형으로 보는 것과 달리 환두대도의 용의 두각에서 착상하여 만든 것으로 파악하였다. 대부분의 연구가 고고미술사적인 접근과 중국문화와의 관련성 등에 초점을 두어 해석하는 것과는 달리 청산은 석수의 존재를 우리 전통사상과의 관계 속에서 이해하고자 하였다. 지석의 명문에 대한 연구에서는 '입지여좌(立志如左)'를 이어 7줄에 한 글자가 있는 것으로 파악하여 '혈(穴)' 또는 '총(冢)'자의 가능성을 제시하였으며, 간지도는 묘역도(墓域圖)로 파악하였다. 그리고 백제가 유송(劉宋)의 원가력을 사용하였으며, 백제인의 내세관은 부여족 계통의 전통을 보여주고 귀신에 대한 토속신앙이 지석과 매지권으로 표출되었다고 보았다. 지석에 담겨있는 내용 속에는 유교의 효사상과 역학사상 등이 주류를 이루고 유교전통사상이 변형된 민간신앙도 내포되어 있다고 보았다. 청산의 무령왕릉 출토 지석과 유물의 성격에 대한 새로운 해석은 해박한 유교적 지식과 한국적 성격의 주역원리인 정역에 대한 이해 등을 토대로 가능했다고 볼 수 있다.

이외에도 백제의 사상과 문화에 관한 논문을 통해 유학이 백제사회에 미친 영향을 밝히는데도 노력하였다.

1970,「百濟思想의 特徵的 一面」,『백제연구』 창간호, 충남대학교 백제연구소.

1971,「對外關係에서 본 百濟文化의 發達要因」,『백제연구』 2, 충남대학교 백제연구소,

1981,「百濟儀式考-祭儀・田獵・巡撫・閱兵・習射儀式에 관한 檢討」,『백제연구』 12, 충남대학교 백제연구소.

1992,「百濟僧 道琛의 思想的 背景과 復興活動」,『湖西史學-何山鄭起燉 教授停年紀念論叢』19・20합집.

「百濟思想의 特徵的 一面」에서는 삼국의 사상적 기반을 고구려는 선교(도교), 신라는 불교, 백제는 유교를 그 근간으로 하였음을 밝혔다. 특히 백제의 부흥운동을 통해 나타난 충의사상을 주목하고, 이러한 유교적 의리사상이 조선시대말까지 이어져 옛 백제지역에서 충신・열사들이 많이 배출되었다고 보았다.「百濟僧 道琛의 思想的 背景과 復興活動」은 도침이 비록 불도를 닦는 승려였지만 그 연장선상에 있음을 알 수 있다.

청산이 사상사에 대한 논문을 발표할 수 있었던 배경은 그의 학문연구가 역사철학으로부터 시작되었기 때문이었다. "대저 사상은 씨요, 문화는 그 열매라고 할 수 있다"라는 것에서 선생님의 학문적 바탕을 짐작할 수 있다. 그리고 이들 논문을 모아『百濟의 思想과 文化』(2002)를 간행하였다.

청산의 사상사에 대한 관심은 백제사뿐만 아니라 조선시대 지역의 기호명현들에 대한 연구로까지 확장되었다. 청산은 백제사 관련 논문 이외에도 조선시대 유학자에 대한 연구도 틈틈이 수행하였다. 사상사에 관한 연구의 시작은 학부 졸업논문이었던「芝峯 李睟光研究」(1958)로부터 시작되었지만 1977년 대덕지역의 문화재 조사과정에서 회덕향안의 발견을 계기로 유학사상과 관련된 논문을 발표하였다. 율곡과 우암, 동춘당 관련 논문이며, 그 과정에서 명재 윤증에 대한 검토도 이루어졌다. 관련 논문을 보면 다음과 같다.

1978,「'懷德鄕約'考」,『백제연구』9, 충남대학교 백제연구소.

1980,「尤庵 宋時烈과 懷德鄕案-懷德鄕案에 나타난 그의 思想과 系譜를 中心으로」,『한국사론』8, 국사편찬위원회.

1981,「尤庵의 靑川社倉座目 해제」,『湖西史學-佳羊林湖洙敎授回甲紀念論文集』7 · 8합집, 호서사학회.

1994,「燕岐鄕案해제」,『民族文化의 諸問題』, 于江 權兌遠敎授 정년기념논총 간행위원회.

1994,「尤庵의 '靑川社倉'硏究」,『宋子學論叢』創刊號, 忠南大學校宋子學硏究財團 宋子硏究所.

1996,「同春堂 宋浚吉의 生涯와 遺蹟」,『儒學硏究』4, 충남대학교 유학연구소.

2001,「明齋年譜」,『明齋 尹拯의 生涯와 思想』, 충남대학교 유학연구소.

회덕향약과 연기향약은 지역의 문화유산 조사과정에서 찾아낸 자료에 대한 연구로 지역학 연구의 모범사례라고 할 수 있다. 특히 향약에 참여했던 우암과 동춘당에 대한 심화연구에서 향약을 통해 그들이 지역사회의 개혁을 추구한 사실을 구명하였다. 그리고「同春堂 宋浚吉의 生涯와 遺蹟」에서는 동춘당의 도학군자로서의 삶을 조명하고, 유적에 대한 설명을 통해 지역의 역사성을 드러내고자 하였다. 연구논문은 2002년에『朝鮮後期 社會와 文化』(서경)로 발간하였다. 이와 같은 연구성과는 청산의 유학에 대한 깊은 식견을 보여주는 것이며, 한편으로는 유교적 가풍에 기인하였다고 하겠다. 청산은 사상사 연구에 있어서는 항상 당신의 부족함을 염려하셨다. "원래 사상이 죽은 것이 말이요. 말이 죽은 것이 글이라고 한다. 글이란 이토록 사상을 표현하는데 부족한 도구이다."라고 하였다(『朝鮮後期 社會와 文化』, 2002). 청산은 글을 쓰는데 있어 항상 신중하였고, 특히 인물과 관련된 연구에서는 고인을 욕되게 할까 우려하였다. 이는 청산의 성품과 학문적 자세를 보여주는 것으로 돌아가실 때까지 배움의 끈을 놓지 않으셨던 이유이기도 하다.

4

나오는 말

오랜 암투병에서 회복된 후 자택 서재에서(2008년)

청산 성주탁은 일생을 백제시대 산성과 도성 연구에 헌신한 백제 성곽연구의 선각자였으며, 후학 양성에 헌신하였다. 그리고 모든 분야가 마찬가지이지만 어느 한 분야가 발전하기 위해서는 학문적 생태계가 형성되어야만 한다. 청산은 대학 재직 초반부터 박물관의 창설과 연구소 개소, 그리고 국사학과와 고고학과의 설립 등 재직하시는 내내 학문연구와 함께 후학교육을 위한 물리적 토대를 구축하기 위해 노력하였다.

또한 『백제연구』의 발간, 정기적인 공개강좌, 국제학술회의 개최 등을 통해 백제사 연구의 장을 마련하고 연구의 활성화에 기여하였다. 그 결과 충남대학교는 백제사와 지역학 연구의 중추적인 기관으로 성장할 수 있었다.

아울러 청산은 자신이 만들어 놓은 기반 위에서 직접 백제사 연구의 모범을 보였다. 청산은 자료가 부족한 백제사에서 고고사료의 중요성을 일찍부터 인식하고 백제 산성과 도성 유적에 대한 현장조사에 많은 노력을 기울였다. 그리고 그 과정에서 수집한 고고자료를 바탕으로 문헌자료와의 비교 고찰을 통한 실증적 연구를 수행하여 많은 선구적인 업적을 남겼다. 청산의 연구성과로는 고고자료와 문헌자료를 통한 지역의 산성유적과 치소성의 관계 고증, 백제 왕성의 구조와 변천과정에 대한 고증, 무령왕릉 출토품에 내재된 전통사상에 대한 이해, 한・중・일 삼국의 고대 도성과 산성의 교류관계 고찰 등을 들 수 있다.

청산의 노력에 의해 설립된 국사학과와 고고학과는 수많은 연구자를 배출하여 지역학 연구의 요람이 되었으며, 당신은 사학과와 국사학과에 재직하면서 후학들을 양성하여 학풍을 잇도록 하였다.

청산은 충남대학교가 백제연구의 산실이 될 수 있도록 연구의 토대를 마련하고, 스스로는 백제 도성과 산성을 연구하는데 일생을 바쳤다고 해도 과언이 아니다. 청산은 역사학자로서 사학뿐만 아니라 경학과 문학을 겸비한 우리 세대의 마지막 선비로 불리고, 호서지역의 역사학자로서 지역학의 발전에도 많은 기여를 하였다. 학문을 연구함에 있어서는 스스로의 한계를 자발적으로 드러내셨고, 잘못된 점을 고치는데 주저함이 없었다. 항상 겸손과 성실로서 학문의 진실을 위해 노력하였다.

청산의 필생의 연구를 살펴봄에 있어 그 성과를 제대로 살피지 못하고 본질에서 벗어난 부분이 있을까 우려된다. 그러한 점은 모두 필자의 역량부족에서 기인한 것임을 널리 양해해주기 바란다.

청산 어록

"대저 사상은 씨요, 문화는 그 열매이다."
(『百濟의 思想과 文化』, 2002)

"원래 사상이 죽은 것이 말이요. 말이 죽은 것이 글이라고 한다. 글이란 이토록 사상을 표현하는데 부족한 도구이다."(『朝鮮後期社會와 文化』, 2002)

"흐르지 않고 고여 있는 물은 썩기 쉬운 것처럼, 학문도 발전하지 않으면 낙오되게 마련이다. 부단한 노력으로 생명력 있는 활력소를 부여해야만 학문의 생명력도 지속되어 나갈 수 있다."(『百濟城址硏究』, 2002)

보은 삼년산성에서(2010. 12. 20.)

개교 30주년 국제학술회의(1982. 10. 22.)

정년 퇴임 강연에서

생애 마지막 자문회의(보은 삼년산성, 2010. 12. 20.)

충청학 연구의 선구자이며 시화학의 권위자, 학산 조종업 교수

조종업

글 · 이향배

1. 들어가는 말

2. 생애와 저술

3. 우암 송시열 연구의 국제화

4. 한 · 중 · 일 시화 연구와 동방시화학회 결성

5. 『문화유적총람』 금석문편 발간과 서예 연수회 창립

6. 나오는 말

들어가며

본 글은 충남대학교에서 교수로 재직하면서 다방면으로 뛰어난 업적을 남긴 조종업 교수의 생애와 활동을 되새겨 보고자 기획되었다.

문 · 사 · 철 방면에 고루 많은 업적을 남긴 조종업 교수는 1990년대에 재단법인 충남대학교송자학연구재단을 설립하면서 우암 송시열의 학문과 사상에 대해 국제적인 시각에서 연구하는데 큰 공을 세웠다. 그 결과 송자학 연구소는 『송자학논총』을 7집까지 간행할 수 있었다. 또한 조종업 교수의 전공 연구 분야는 시화학이었다. 시화학 연구 방면에서 세계적 석학이었던 조종업 교수는 국제학술 단체인 동방시화학회를 결성하는데 주도적인 역할을 하고 초대 회장으로서 학회를 원활하게 출범시켰다. 이 학회는 지금까지도 조종업 교수의 학회 창립 정신을 존중하고 2년마다 한국 · 중국 · 대만을 돌아가면서 학술대회를 개최하고 있다. 뿐만 아니라 『한국시화총편』을 간행하여 한 · 중 · 일 연구자들에게 보급함으로써 해외 한국학 연구자들의 시화방면 연구가 최근 들어 더욱 활성화되었다.

조종업

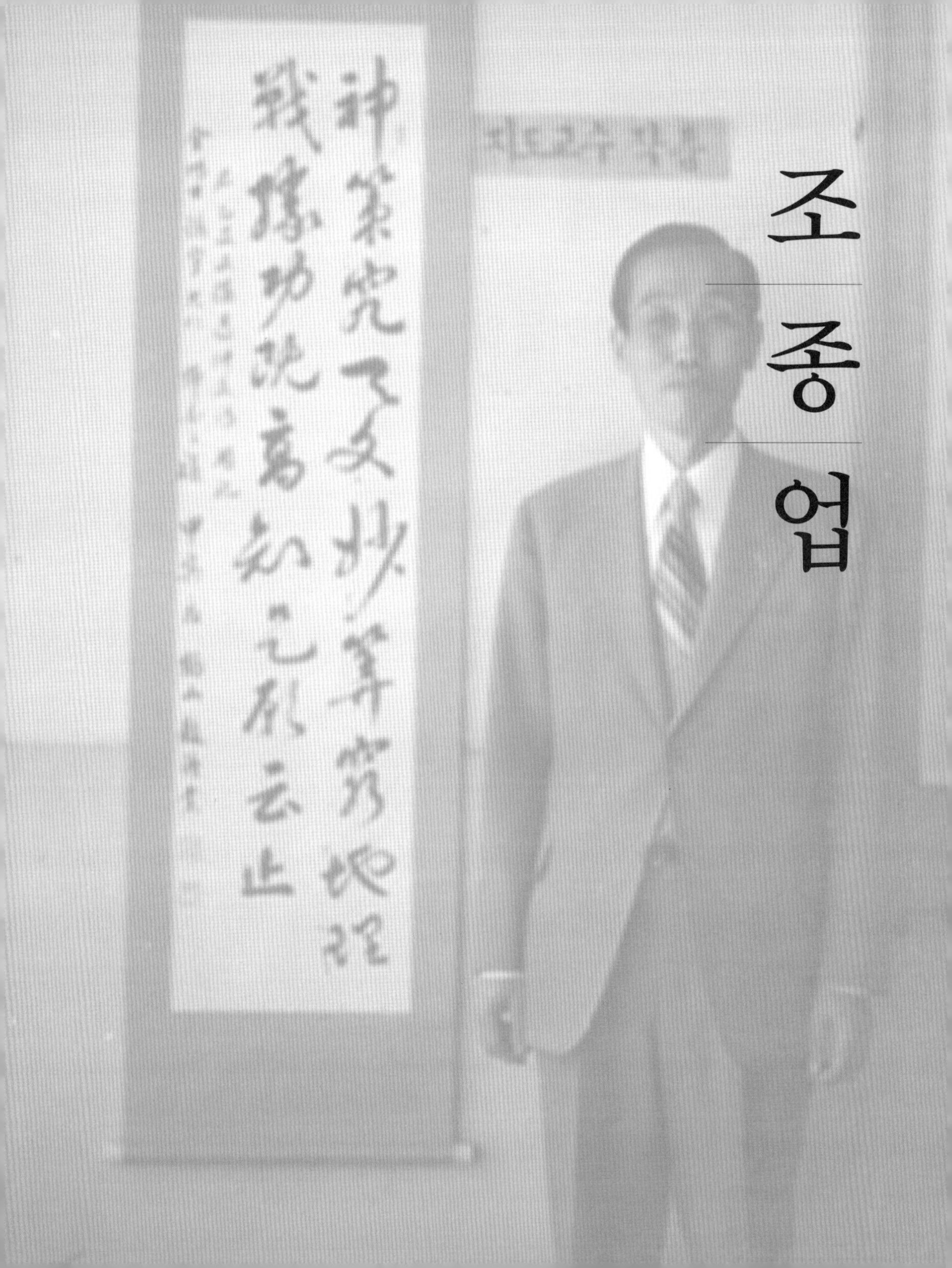

1

들어가는 말

충남대학교는 6.25 전쟁 가운데 설립된 이후에 걸출한 학자들을 다수 배출하였다. 인문대학 출신 중에 대표적인 학자로는 학산 조종업 교수를 꼽지 않을 수 없다. 조종업 교수는 경산 사재동 교수, 연산 도수희 교수와 더불어 삼산(三山)으로 불릴 정도로 국문학 분야에 있어서 학문적 명성이 전국적으로 드높았다. 한문학, 고전문학, 언어학 분야에서 뛰어난 학문적 업적을 남긴 이분들은 지역학을 기반으로 많은 성과를 거두었다는 공통점이 있다.

박사학위 취득(1984년)

특히 조종업 교수는 구학(舊學)과 신학(新學)을 겸비한 학자이다. 구학은 전통 한학을 말하며 신학은 현대 서구적 학문체계를 말한다. 국학(國學)이 전근대적 학문체계에 머물러 있지 않고 근대에서 현대로 이행하는 과정에서 현대의 학문연구 체계를 갖출 수 있었던 것은 조종업 교수와 같은 신구학문을 겸비한 학자들이 노력한 덕택이었다. 이들의 노력이 아니었다면 전통학문은 자칫 세상의 멸시 속에서 소멸될 수도 있었다.

일제강점기를 거쳐 광복이 되었어도 대부분의 전통 한문은 전근대의 학문체계를 벗어나지 못하고 있었다. 전통지식인들은 시대의 변화에 따라 학문하는 방식을 변화시키지 못하고 전통방식의 학문을 고수하다가 점차 퇴락을 길을 걷고 있었다. 더군다나 서구 학풍이 시대의 대세가 되어 사람들은 서구 학문을 추종하면서 한학을 기반으로 하는 국학에는 관심이 적었다.

산업화 이후에 한국 대학은 문학·사학·철학 방면의 학과 설립이 증가 되었지만 서구 학풍이 주류를 이루었다. 동양 학문이나 한국학의 경우 사람들의 관심이 상대적으로 적어서 문학은 서구의 현대 이론과 현대시·현대소설, 사학은 서양사, 철학은 서양철학이 대세를 이루었다고 할 수 있다. 이러한 시대 조류 속에서 한학을 기반으로 한 국학은 대학에서 현대적 학문 연구체계와 인재양성 체계를 갖추지 않으면 완전히 단절될 수밖에 없는 위기에 봉착하였다. 국학이 쇠퇴해가는 현실을 보고 당시 뜻있는 학자들의 위기의식은 깊어져만 갔다. 이런 위기의식의 사회적 반영이 70년대 이후에 전국 대학에서 한문학과, 국사학과, 동양철학과 등의 학과 설치로 나타난 것이다.

충남대학교의 인문대학도 이러한 시대 흐름에 따라 학과가 설치되었다. 특히 한문학과의 설치는 조종업 교수가 주도적인 역할을 하였다. 조종업 교수는 국어국문학과에서 일부 정원을 배정받아 1986년에 한문학과를 설치하여 운영하였다. 한글세대가 점차 주류를 이루고 한문 세대는 대부분 세상을 떠나갔다. 전통학문이 단절될까 하는 위기의식이 사회적으로 고조되자 그 대안책으로 제기된 것은 대학에 한문학과의 설치였다. 조종업 교수의 한문학과에 대한 애정은 그의 학문적 열정만큼이나 컸다. 이는 매일 아침 8시에 경서강독 수업을 진행한 사실로도 증명이 된다. 이러한 노력이 기초가 되어 현재 충남대학교 한문학과가 충청지역에서 한문학 연구 및 한학 자료 번역의 중심 학과가 된 것이다.

조종업 교수의 학문적인 폭은 매우 넓었다. 문학이 주된 연구 분야이기는 하지만 철학과 역사 방면까지 섭렵하여 다수의 업적을 남겼다. 문학 방면에서 이룩한 그의 업적은 현재까지도 한국 한문학계뿐만 아니라 동아시아 학계에까지 영향력을 끼치고 있다. 특히 시화연구는 독보적인 성과를 거두고 있어서 대만과 중국의 학자들이 지금까지도 조종업 교수 업적을 기리고 있다. 이는 한중 시화연구 업적을 살펴보면 쉽게 확인할 수 있는 사실이다. 조종업 교수의 생애와 학문 정신에 대해서는 이미 정만호 교수가 기술한 바가 있다.[1]

2

생애와 저술

모친 회갑연(1973년 겨울)

서재에서 아이와(1971년)

조종업 교수는 1930년 충남 예산군 봉산면 마교리에서 태어났다. 1947년 18세 때부터 4년 동안 직암 이철승의 문하에서 한학을 수학하였다. 이철승은 화서 이항로, 성재 유중교, 존재 유진하의 학맥을 계승한 화서학파로서 성균관 박사를 지낸 인물이다. 조종업 교수는 사서삼경을 비롯하여 당송고문, 선현들의 문자를 통독하여 20세 이전에 이미 경학에 깊은 지식을 갖추었다. 문리가 뛰어났을 뿐만 아니라 제술에도 능통하였다. 이 시기에 지은 저술이 『戊子夏課』,『祝犁夏課』,『庚寅夏課』이다.

6.25 전쟁이 발발하자 조종업 교수는 입대하였다. 제대한 뒤에 그는 1955년 충남대학교 국문학과에 입학하여 창애 김순동에게 한문학을 수학하고 서예를 지도받았다. 또한 유학에 뛰어나신 동교 민태식, 고전문학의 대가이신 장암 지헌영, 국어학에 깊은 선오당 김형기 등 당대 최고의 학자들에게 수학한 그는 다양한 분야의 학문을 섭렵하였다. 1957년 충남대학교에 재학 중에는 직암 이철승의 문집인『직암집』간행사업을 추진하여 동문 선배들과 협의하여 문집 8권 4책을 간행하기도 하였다.

1959년 대학을 졸업한 조종업 교수는 대학원에 입학하여 조교가 되었다. 1962년에 장암 지헌영, 선오당 김형기 등의 교수들과 대학원생들이 모여 어문연구회를 창립하였다. 『어문연구』 제1집은 조종업 교수의 석사학위 논문인『고려시론연구』로 발간되었다. 어문연구회는 현재 전국적인 학회로 성장하였으며『어문연구』도 학술등재지이다. 1965년에는 창애 김순동이『韓國故事大典』을 편찬할 때에도 조종업 교수가 전담하여 편집과 출판을 완성하였다.

조종업 교수는 1964년에 충남대학교 국어국문학과 전임강사, 1966년에 조교수, 1972년에 부교수가 되었다. 1977년 조종업 교수는 대만의 국립대만사범대학으로 유학을 떠났다. 국문연구소(國

文研究所)의 박사반에 재학할 때 중화(仲華) 고명(高明)과 경이(景伊) 임윤(林尹)에게 지도를 받았다. 이 두 교수는 청말의 학자 계강(季剛) 황간(黃侃)의 제자였다. 그런데 조종업 교수는 단순한 유학생이 아니었다. 대만사범대학의 객원교수(客員敎授)로서의 직임도 가지고 있었다.

1959년 졸업 사진, 창애 김순동 교수(앞줄 중앙)와 조종업 교수(뒷줄 오른편)

대만 유학 시절

당시 조종업 교수는 객원교수로서 대만사범대학에 있으면서 대학내에 한국학강좌가 개설되지 않은 상황을 파악하고 국문연구소 소장인 이선(李鍌) 교수에게 한국어, 한국문학, 한국사, 한국철학 등을 개설하도록 건의하였다. 또한 충남대학교와 대만사범대학과의 교류를 추진하여 1981년에 양교 간에 자매결연을 맺는데 중추적인 역할을 하였다. 그로 인해 대만으로 유학가는 충남대학교 학생들이 증가하였다. 뿐만 아니라 조종업 교수가 쌓은 대만 교수들과의 교분으로 인해 한국 유학생들이 편의의 측면에서 음양으로 많은 혜택을 받았다.

조종업 교수는 서예문화와 학술방면에서도 활발하게 활동하였다. 스승 창애 김순동에게 서예를 배워 조예가 깊었던 그는 1976년에 충청남도 서예협회 회장을 지냈다. 대전 충남 지역에 서예문화를 진흥하는데 조종업 교수의 역할도 컸다. 학술방면에서는 1972년에 한국언어문학회 회장을 역임하였고 1986년에 어문연구회 회장을 역임하였다. 또한 1982년 이후에는 율곡사상연구원의 연구위원으로 활동하였다.

1982년에는 정암 조광조 탄생 500주년을 맞이하여 국제학술발표대회를 준비하는 대회준비위원장으로서 학술행사를 주관하였으며, 또한 기념논총인 『정암연구논총』을 간행하였다. 1985년부터 5년간 한국유교학회 부회장을 역임하는 등 평생 동안 각종 학회에서 이사로 활동하기도 하였다. 1987년에 충남대학교 한문학과를 창설하였으며 1990년도에는 한문학과의 논문집인 『한원논총』을 간행하도록 하였다. 1996년에 정년 퇴임한 이후에도 조종업 교수는 후학들과 지속적으로 한문을 강독하는 동시에 연구 활동을 활발하게 하였다.

2003년도에는 화서학회를 설립하여 회장으로서 이항로의 학문과 사상에 대해 국제학술대회를 개최하였다. 말년에는 논문 발표와 학회 참석을 더욱 열정적으로 하였다. 결국 조온 선생의 신도비명을 짓다가 완성하지 못하고 2014년 7월 28일에 갑자기 세상을 하직했다. 미완성의 비문 원고만이 영원히 그대로 남게 되었다.

조종업 교수가 일생 동안 저술한 학문적 업적은 매우 많다. 먼저 단독 저술을 살펴보면, 대략 14종이 된다. 1975년에 출판한 『한문통석』과 1982년에 출판한 『한문요해』를 들 수 있다. 이는 한문

한국언어문학회 제15회 총회(전북대학교, 1975. 5. 31.)

을 모르는 세대를 위해 문법 구조와 문장법을 통해 체계적으로 한문을 설명해 놓은 책이다. 문장에서 작용하는 허사의 기능을 쉽게 풀이함으로써 학생들이 허사만 제대로 알아도 한문의 문장구조를 논리적으로 파악할 수 있으며 한문 해독의 기초까지 익힐 수 있도록 하였다. 어학 분야에 대한 조종업 교수의 학문적 깊이가 어느 정도 인지를 짐작하게 하는 저술이다

『한국고대시론사』는 우리나라 선현들이 제기한 시론을 사적(史的)으로 연구하여 정리한 저술이다. 한국 고전 비평사가 거의 전무하던 시기에 출판된 이 책은 한국고전문학비평을 연구하는 연구자들에게 많은 도움을 주었다. 또『한국시화연구』가 있으며 편저로는『한국시화총편』,『일본시화총편』등이 있다. 1984년에는 중등한문 교과서인 교육부검정 중등한문 Ⅰ·Ⅱ·Ⅲ(교학사, 1984)을 출판하였으며 대학생들의 한문 교육을 위해『대학한문』(새문사, 1987)을 출간하기도 하였다.

연구논문은 대략 100여 편으로 고전문학 연구, 한문학 연구, 선현들의 의리사상 연구 등으로 나누어진다. 고전문학 연구는「고대소설형성의 주요문제」,「고대소설 형성상의 사전체와 변문」,「강창과 변문의 소원」,「고전소설과 한시」,「처용가고」등과 같이 고전문학에서 한문학이 국문학에 끼친 중요한 문제를 중심으로 고찰하였다. 한문학 분야의 연구논문은 매우 많은 분량을 차지하고 있는데 중요한 논문을 거론하면 다음과 같다.「백제시대 한문학에 대하여」,「백제의 성운」,「백제시대 한문학연구의 회고와 전망」,「백제사료 존의」,「백제 유교사상과 한문학」등은 백제시대 관련 논문이다. 백제 시대 한문학 자료가 일천함에도 불구하고 자료의 편린

화서학 국제학술대회(성균관대학교, 2003. 12. 16.)

속에서 백제시대 문학과 역사에 대해 중요한 점을 밝혀내었다.

또한 한문학을 문체론적 입장에 검토한 논문도 여러 편이 있다. 「한국여류수필에 대하여」, 「한중시가의 삼장형식에 대하여」, 「전문학의 발생과 효용」, 「사곡과 별곡의 관계」, 「한국수필의 유형변화」 등이 대표적이다. 한문학 연구는 주로 조선 시대에 활동한 명현들의 문학을 중심으로 연구하였다. 예를 들면, 「만회문학연구」, 「망우당시연구」, 「한훤당과 그의 문학론」 등이 있다. 시화 연구는 이규보를 비롯하여 이제신, 김창협, 김만중, 허균, 홍만종 등을 비롯하여 비평 작가들의 시화 자료를 중심으로 그 특징을 밝힌 업적이 다수 있다.

공자를 비롯한 유현들의 의리 사상에 대한 연구 논문도 많이 있다. 조종업 교수가 성리학을 비롯하여 유학사상에 깊은 지식이 있었기 때문에 한문학 연구 못지않게 이 분야의 연구업적도 상당수를 차지한다. 예를 들면, 「孔子文學思想對後世之影響」, 「정암 조광조의 정치사상과 현대」, 「포은은 동방의 이학지조」, 「중암과 위정척사」, 「동춘당 송준길 선생」 등을 들 수 있다.

이처럼 저술과 논문에서 확인할 수 있듯이 조종업 교수는 평생동안 한학을 기반으로 국학 연구에 전념한 학자이다. 그의 연구업적이 후학들에게 끼친 영향은 진실로 막대하다. 특히 백제 한문학 연구와 시화연구는 독보적이라 할 수 있다. 뿐만 아니라 「예산 한문학」, 「당쟁과 논산」, 「충남교육사」, 「충남의 서예」, 『문화유적총람』 등의 저술로 볼 때 충청학 연구의 기반을 마련해 놓았다고 할 수 있다.

3

우암 송시열 연구의 국제화

3.1 재단법인 충남대학교송자학연구재단 설립과 송자학 연구의 국제화

우암 송시열은 율곡 이이 사계 김장생의 도통을 계승한 17세기 대표적인 대전 출신 성리학자이다. 그의 저술인『송자대전』의 경우 개인 문집으로는 현전하는 문집 중 가장 방대한 분량이다. 조종업 교수는 남간사 유회와 우암 송시열의 학문과 사상을 연구하기 위한 전문 연구 기관을 설립하려고 모색하였다.

1993년에 재단법인 충남대학교 송자학연구재단 설립 추진위원장으로 조종업 교수가 추대되었다. 이해 3월 8일에 열린 발기인 총회 회의록을 보면 재단을 설립하기 위해 남간사유회(南澗祠儒會)와 은진송씨 문중은 충남대학교에 발전기금을 기부하였다. 총회에 참석한 명단을 보면, 이지풍, 조종업, 성주탁, 유남상, 정덕기, 이천배, 최근혁, 최근묵, 김선기, 이돈행 등 총 10명이었다. 이 회의에서 조종업 교수는 이사장으로 선임되었으며, 명칭을 재단법인 충남대학교송자학연구재단으로 정하였다. 법인 정관을 심의하고 제반 서류를 갖추어 5월 22일에 대전직할시 교육청으로부터 정식 법인설립허가서를 받았다.

정관을 보면 재단법인의 목적사업은 4가지이다. 첫째, 우암 선생의 학문 및 그에 관련한 학문 연구, 둘째 한국 전통문화 및 유학에 관한 연구, 셋째 학술발표 및 논문집 발행, 넷째 전호(前號) 각호(各號)의 부대사업 등이다. 이를 보면 우암 송시열의 학문과 그에 관련한 학문 연구를 첫 번째 목적사업으로 규정했지만 한국 전통문화와 유학에 관한 연구도 두 번째로 규정하여 폭넓은 연구수행이 가능하도록 설정해 놓은 점이 주목할 만하다. 조종업 교수는 네 가지 목적사업을 수행하기 위해서 송자학연구재단의 부속으로 충남대학교 내에 송자학연구소를 설치하였다. 이는 재단의 목적사업을 달성하기 위해서 연구소의 설립이 절실히 요구되었기 때문이었다. 조종업 교수는 송자학 연구소 설립 목적을 다음과 같이 말하였다.

> 근세 조선에 이르러서는 유교를 국교로 삼고 유학을 중시하여 무수한 유학자를 배출하였다. 전국 어디에나 유학자가 많았지만 그중에서도 대전 지방은 가장 성하였고 우암 송시열 선생은 많은 유현 중에서도 더욱 성하여 유학적인 면에서 도학 · 성리학 · 예학으로부터 정치 · 국방 · 문학 · 사회 · 천문 · 서예 등등 허다한 영역에 이르기까지 발휘한 바가 실로 크신 분이다. …… 이상의 여러 면을 생각할 때 이 고장에서 배출되신 명현의 업적을 본 연구소를 중심으로 이에 관련한 학자들이 참여하여 연구한다는 것은 무엇보다도 절실한 일이다. 또한 우리의 연구는 비단 우암 선생의 연구에 국한하는 것이 아니라 나아가서는 그 전후의 시대와 동시대의 여기에 관련된 다른 지방, 내지

> 국가사회와 국제문제에 미치도록 연구하여 전통문화 창달과 아울러 국제화에 기여하는 중심이 될 수 있을 것이다.[2]

조종업 교수는 연구소가 우암 송시열의 학문 사상 연구뿐만 아니라 학계에 공헌함과 아울러 국제화에 기여해야 한다고 강조하였다. 그래서 연구소 설립 목적이 연구소의 활동을 통해 우암 송시열의 학문연구업적과 그 정신을 계승하고 국학진흥과 인류문화 발전에 기여하는데 있었다. 설립 목적을 달성하기 위한 송자학 연구소의 주요 사업은 학술대회 개최 및 학술지 간행, 연구총서 및 자료집 간행이었다.

송자학연구소에서는 조종업 교수의 주도하에 문·사·철의 방면에서 우암 송시열에 대한 연구가 활발하게 이루어지기 시작하였다. 물론 우암 송시열이 이미 조선 시대의 유명한 저술가이자 사상가이며 정치가 중 한 사람이므로 학계에서는 문·사·철을 비롯하여 정치·예술 등의 방면에 이르기까지 다각도로 연구가 이루어지고 있었다.

이러한 상황에서 충남대학교 내에 송자학연구소가 설립되자 송시열에 대한 연구는 양상이 달라지게 되었다. 국제학술대회를 통해 다양한 국적의 학자들이 송자학의 발표에 참여함으로써 우암 송시열에 대한 연구는 국제화를 이루는 성과를 거두기 시작하였다. 두 차례에 걸친 송자학 국제학술대회는 우암 송시열의 학문 사상을 세계에 널리 알리는 계기가 되었다.

송자학 국제학술대회(대전 롯데호텔, 1993. 10. 6.~9.)

1993년 10월 조종업 교수는 대전시의 후원을 받아 송자학 국제학술대회를 당시 대덕호텔 롯데에서 개최하였다. 당시 학술 발표자의 구성을 보면 영국의 Mark Setton 옥스퍼드대학 교수, 독일의 D. Eikemeier 튀빙겐 대학 교수를 비롯하여 대만의 대만사대 황금굉(黃錦鋐) 교수, 동해대(東海大) 왕중(汪中) 교수, 중국의 북경대 손옥석(孫玉石)・위욱승(韋旭昇) 두 교수, 연변대 주칠성(朱七星) 교수, 민족대 장국령(張菊玲) 교수, 일본의 광도대(廣島大) 뢰기일(賴祺一) 교수가 참여하였다. 우리나라 학자는 서울대 이남영(李南永)을 비롯하여 성주탁, 최근덕, 최근묵, 남명진, 이지풍, 서정기, 심성섭 등 8명이 발표에 참여하였다. 토론자도 한・중・일의 저명한 학자 23명이 참여하였다. 당시에 외국인 학자의 경우 영어, 독일어, 중국어, 일어 등 통역 담당자를 두어 명실상부한 송자학 국제학술대회를 성황리에 개최하였다. 이 학술대회로 인해 우암 송시열의 학문과 사상 및 문학에 대해서 한·중·일의 학자들의 관심이 증대되었다.

1994년 8월 10일에 조종업 교수는 중국 북경대학에서 "송자학유학여문학연토회(宋子學儒學與文學硏討會)"를 개최하였다. 당시에는 한·중 간에 학자들의 교류가 어려운 시절이었고, 중국의 경제적 상황이 좋지 않던 시기였다. 중국의 주최로 국제학술대회를 개최한다는 것은 쉬운 일이 아니었다. 더구나 중국의 최고 명문대학인 북경대학에서 한국의 조선 시대 학자 한 사람을 위해 학술대회를 연다는 것은 더더욱 어려운 일이었다. 그럼에도 북경대학에서 송자학 학술대회를 개최할 수 있었던 것은 한·중 학계에서 차지하는 조종업 교수의 학문적 위상 때문이었다.

이 학술대회는 조종업 교수가 북경대학 손옥석 교수와 몇 차례 학회에서 만난 인연 때문에 가능하였다. 1989년에 조종업 교수가 중국 공자학회에 참가했을 때 손옥석 교수를 처음 만나 환대를 받았고 90년에도 공자학회에서 논문을 발표했을 때도 그를 만났다. 1993년에 대전에서 열린 세계산업박람회 기념 송자학 국제학술대회에도 손옥석 교수가 와서 참여한 인연이 있다. 이처럼 조종업 교수와 손옥석 교수의 깊은 인연 때문에 당시에 북경대학에서 송자학 학술대회가 개최될 수 있었다.

송자학 학술대회가 북경대학 주최로 개최되자 북경대학과 중앙민족대학에서는 많은 학자들이 관심을 가지고 참여하였다. 북경대학 부총장 양주(梁柱)는 다음과 같이 치사를 하였다.

한중 양국은 역사가 유구한 유학의 나라입니다. 지금 현대 물질문명과 정신문명을 건설해야 하는 공동의 과제에 임하여 일련의 새로운 문제와 어려움을 해결하고 또 각 민족의 새로운 정신세계를 구축하기 위하여 전통적인 유가 학술의 훌륭한 분야에서 진귀한 것을 찾아내어 그중에 합리적인 사상과 인간 처세의 원칙을 토론하여 전통 문화 중의 우수한 면모를 발양하는 것은 사회 현대화 과정에서 정신 현대화에 도움이 될 것이며 이것은 중요한 정신 건설의 과정입니다. …… 이 때문에 한 중 양국 학교 내외 여러 학자들이 한 자리에 모여 17세기 한국의 저명한 유학자 송시열의 철학 · 사상 · 정치, 시가창작 및 중국의 송명이학과 송시열 사상 간의 관계, 유학사상과 고대 시가 창작 등 문제에 대하여 발표하고 토론함으로써 사상을 교류하고 학술을 탐구하고 이해를 깊이하고 우의를 촉진하게 된데 대하여 찬사를 보냅니다. 아울러 이것을 발단으로 북경대학과 이 학술대회를 열성적으로 주관 개최한 한국 충남대학교 및 기타 대학간의 상호 관계와 학술교류가 강화되고 유학, 유학과 문학 등 전통 문화 연구 분야에서 더욱 깊이 있는 성과를 거두고 여타 분야에서도 더욱 많은 교류와 협력이 이루어지기를 바랍니다.[3]

한 · 중 양국 대학 간에 학술적 교류가 매우 드문 시절에 열린 이 학회는 한 · 중 간에 학술교류를 촉진시키는 계기가 되었다고 할 수 있다. 그러나 아쉽게도 이후에는 충남대학교와 북경대학 간의 학술교류가 이어지지 못하였다. 그러나 다른 측면에서 충남대학교와 중국 대학과의 교류는 활성화 되었다.

북경대학 손옥석 교수와 함께

이 학술대회의 발표자는 중국 측에서는 북경대학 교수 진래(陳來), 위욱승(韋旭升), 장명(張鳴), 장국령(張菊玲)이었으며, 우리나라 발표자는 조종업, 김정계, 홍우흠 등이었다. 토론으로 참여한 사람은 중국 대학교수 7명, 한국 대학 교수 9명이었다. 이처럼 매우 성대하게 두 차례에 걸쳐 송자학 학술대회가 열리게 됨으로써 우암 송시열의 학문과 사상은 한·중·일 학자들에게 알려지게 되었다. 이로 인해 송자학 연구가 국제성을 띠었다고 할 수 있다.

3.2『송자학논총』 발간과 우암문화제 시행

송자학연구소에서는 송자학 학술대회 개최와 더불어『송자학논총』을 발간하였다. 1994년에 발간된『송자학논총』 창간호는 1993년에 개최된 송자학 국제학술대회에서 발표한 논문을 수록하였다. 조종업 교수는 이 논총의 발간사에서 다음과 같이 말하였다.

> 회고하건대 그동안의 송자학에 관한 연구는 어느 한 계열에서 옥하사담(屋下私談)과 같이 특정분야에 치우쳐 연구된 느낌마저도 없지 않아 있거니와, 이번 송자학을 위한 최초의 국제대회를 계기로 하여 앞으로의 송자연구가 국제적인 차원에서 새롭게 이루어지기를 바라는 바이다.

송자학 국제학술대회(중국 북경대학, 1994. 8.)

송자학연구재단이 설립된 지 얼마 되지 않은 상황에서 국제학술대회를 통해 논총이 발간되자 조종업 교수는 기쁨을 감추지 못하고 국제적인 차원에서 연구되기를 희망하였다. 그동안 연구자들이 우암 송시열을 연구한 논문이 있지만 국제적인 연구는 시도되지 못하였다. 이 논총에 수록된 외국인 논문을 보면 대만 3편, 중국 4편, 영국 1편, 독일 1편, 일본 1편 총 11편이다. 전공별로 나눠보면 철학 9편, 사학 4편, 문학 6편 총 19편이다. 이는 우암 송시열의 다양한 학문사상에 대해 국제적으로 조명한 점이 주목할 만하다.

『송자학논총』 2집은 1994년 8월에 북경대학에서 발표한 논문과 1995년 11월에 남간사에서 개최한 우암문화제에서 발표한 논문을 중심으로 수록하였다. 논총은 1편과 2편으로 구성되었다. 1편은 북경대학 학술대회 때 발표한 논문 8편이 수록되어 있으며 2편에는 우암 문화제 때 발표한 논문 7편이 수록되어 있다.

『송자학논총』 3집에는 남간사에서 우암문화제 행사 때 거행된 학술대회에서 발표된 논문 7편이 수록되었다. 자료로는 『사문대의록』이 주석과 함께 수록되었다. 논문을 게재한 학자는 조종업, 황의동, 김문준, 김선기, 소의평, 이영휘, 이성배이다. 소의평이 중국 복단대학 교수인 점을 감안할 때 미약하나마 송자학 연구가 국제성을 유지하고 있었다. 논문을 분류하면 철학 4편, 문학 2편, 서예 1편이다.

『송자학논총』 4집에는 조종업 교수의 「대서〈타환첩목이〉의 의의」를 비롯하여 장백위 남경대 교수의 「從中韓誡子傳統看宋尤庵的誡示子孫詩」, 서지소 복단대 교수의 「獨抒胸臆」 등 12편이 수록되었다. 우리나라 논문은 송시열의 춘추대의, 경세사상, 예학사상에 관한 것이며, 임원빈은 남당 한원진의 철학의 이학적 특징을 송시열과 관련하여 연구하였으며, 이영휘는 수암 권상하의 문학을 연구하였다. 4집부터는 송시열의 제자들에 관한 연구논문이 수록되기 시작하였다. 『송자학논총』 5집은 『남간사지』에 수록한 논문을 모아 발간하였다. 연구소의 사정이 어려워져 별도의 학술대회를 개최할 수가 없었다. 당시 송자학연구소에서는 대전광역시의 보조를 받아 『남간사지』를 편찬하였다. 이 사지에 수록하려고 청탁한 논문을 발췌하여 논총으로 간행하였다. 『송자학논총』 6집과 7집은 수록할 논문이 부족하여 합본으로 발간하였다. 이는 연구소의 재정 상황이 더욱 열악해져 학술대회를 개최할 만한 여건이 되지 않았기 때문이다. 이후에는 재정 악화로 인해 재단법인 충남대학교송자학연구재단이 해체하게 되자 논총 발간도 아울러 중단되었다.

이처럼 조종업 교수는 10여 년간 재단법인 충남대학교송자학연구재단 부설 송자학연구소를 운영하면서 우암 송시열의 학문과 사상에 대해 다방면으로 연구할 수 있는 토대를 구축하였다. 그 결과 연구소의 어려운 재정 상황 속에서도 조종업 교수의 노력으로 인해 『송자학논총』을 7집까지 발간할 수 있었다. 이 논총은 우암 송시열을 연구하는데 중요한 정보를 제공해 준다.

송자학논총

한편 송자학 연구소는 남간사유회와 협업하여 1995년부터 대전시의 후원을 받아 우암문화제를 개최하였다. 우암문화제의 행사에는 학술

발표를 포함하여 강경대회, 한시백일장, 향음주례, 글짓기백일장, 휘호대회 등이 열렸다. 대전 시민들의 반응도 성대하여 많은 사람들이 참여하였으며 특히 강경대회는 전국 초·중·고 학생들과 성인들이 대거 참여하여 경서를 비롯하여 소학, 사자소학 등을 암송하였다. 초등학생들의 경우는 서당별로 참석하여 서로 간에 경쟁이 치열하였다. 한시백일장은 전국에서 한시 작자들이 참여하여 우암 송시열의 학문과 사상을 기렸으며 휘호대회도 초등학생부터 일반 성인에 이르기까지 수많은 사람이 참여하여 성대하게 진행되었다.

4

한 · 중 · 일 시화 연구와 동방시화학회 결성

4.1 시화(詩話)연구의 대가

조종업 교수는 한문학 연구 중 특히 시화 부분에 있어서 세계적인 권위자였다. 이미 『고려시론연구』로 석사학위 심사를 받을 때부터 조종업 교수는 심사위원으로부터 극찬을 받았다. 이 논문은 당시 전혀 불모지였던 한문학비평 분야에 대한 연구의 서막이었다. 서구의 비평이론이 점철되었던 당시 학계는 전통학문인 한문학에 비평이 없는 것처럼 인식되던 시기였다. 누구도 한문학비평에 관심이 없었던 상황에서 조종업 교수는 이인로의 『파한집』, 이규보의 『백운소설』, 최자의 『보한집』, 이제현의 『역옹 패설』에 시 비평이 많다는 사실에 주목하고 이를 체계적으로 정리하여 시론의 특징을 밝혀냈다. 이는 당시 학계로서는 획기적인 일이었다.

『고려시론 연구』가 한문학계에 끼친 영향은 매우 크다. 이 논문으로 인해 시화 연구가 촉발되어 각 대학에서 시화 전공자가 배출되었다. 이로 인해 1980년대에 들어서 시화에 대한 연구 성과가 상당히 축적되기 시작하였다. 뿐만 아니라 『고려시론연구』로 인해 이인로의 용사론과 이규보의 신의론을 어떻게 이해하느냐를 가지고 학자마다 시각이 달라서 많은 논박이 이루어졌다. 조종업 교수는 『파한집』에 보이는 다양한 시론을 분석하면서 용사론을 이인로의 핵심 이론으로 파악하였다. 그래서 용사론에 대해서는 시의 형식에 관한 비평으로 파악하고 이를 형식론으로 규정지었다. 이에 반해 신의론에 대해서는 의(意)를 중시하는 이론으로 보고 이를 내용론이라고 규정지었다. 이러한 이인로의 시론을 형식론으로, 이규보의 시론을 내용론으로 파악한 것에 대해서 학계에서는 일반적으로 수용하였다. 그러나 신용호 교수 등 일부 연구자들은 이인로의 용사론과 이규보의 신의론을 형식론과 내용론으로 파악한 조종업 교수의 논리에 반박하여 둘 다 형식과 내용에 관련되어 있어서 일종의 표현론이라고 주장하였다. 정요일 교수의 경우는 이인로의 용사론과 이규보의 신의론은 용어만 다를 뿐 실상은 같다고까지 주장하였다.

이처럼 한문학계에서 많은 연구자들이 30여 년 동안 신의론과 용사론에 대해서 지속적으로 열띤 토론을 벌인 것은 조종업 교수의 『고려시론연구』로 인해 촉발된 것이었다. 이로 인해 한국 한문학 비평 연구에 있어서 전문 연구자들이 배출되었고 연구의 폭이 넓어졌으며 수많은 연구성과도 축적될 수 있었다. 조종업 교수의 석사학위 논문이 한문학비평 연구 활성화에 크게 영향을 끼쳤다는 사실을 알 수 있다.

조종업 교수의 박사학위 논문은 『韓中日詩話比較硏究』이다. 이 논문은 중국 문학이 한 · 일에 끼쳐준 영향론(影響論)의 관점에서 한 · 중 · 일 수백 종의 시화자료를 수집·검토하고 영향관계를 밝혔다. 이 논문은 1984년에 대만 학해출판사에서 단독저술로 출판되었다. 이 책의 서문은 대만사범대학 유학할 때 스승인 고명(高明) 교수가 지었다. 고명 교수는 이 책의 의의에 대해서 다음과 같이 서술하였다.

> 학산이 대만에 유학 와서 중국 고전을 탐구한 것이 깊고 오래되었으며 중국 학자들과 교유한 것도 많고 친밀하였다. 양국 간의 문화 관계로 보면 마땅히 더욱 중 · 한 양국이 진실로 혈육처럼 서로 이어지고 형제같이 서로 친밀하여 결코 분리하여 독자적일 수가 없다. 학산이 지은 『중 · 한 · 일 시화비교 연구』는 비록 그 범위가 시화에 제한되어 있지만 그러나 그 의의가 어찌 이것에만 제한되겠는가. 벗들이 만약 시화에서 마음으로 이해하는 바가 있다면 양국 간의 앞길에 도움을 줄 수 있는 것이 어찌 적다고 하겠는가. 이뿐만 아니라 일본 사람이 읽는다면 인종도 같고 문자도 같아서 사랑하는 마음이 더욱 증가될 수 있으며 점점 지난날 일본의 정치 경제 군사적으로 침략한 망상을 사라지게 할 수도 있을 것이니 동북아 사람들과 세계 평화에도 진실로 도움이 될 수 있으리라.[4]

고명은 고대부터 한 · 중의 문화가 서로 밀접하게 연결되어 있음을 말하고 조종업 교수의 이 저술이 비록 시화에 한정되어 있지만 한 · 중 · 일의 문화교류에 크게 도움이 될 것이라고 강조하였다. 『중한일시화비교연구』에서 조종업 교수는 수많은 종류의 한 · 중 · 일 시화 자료를 고찰하고 중국 시화가 한 · 일 양국에 끼친 영향 관계를 분석하였다. 이 박사학위 논문의 주요 내용은 중국 시화가 한국 시화의 신의 용사론, 존당복고론, 자아론, 이학영향론에 영향을 끼쳤으며 일본시화의 격법론, 성운론, 존당론, 숭송론에 영향을 끼친 사실을 다룬 것이었다.

이러한 연구는 진실로 규모가 방대하여 누구나 쉽게 도전할 수 있는 작업이 아니었다. 당시에 한 · 중 · 일 시화자료를 모두 수집하는 일도 매우 어려운 작업이었다. 게다가 방대한 자료를 분석하여 핵심 사항을 분류하고 그 특징을 밝혀낸다는 것은 자료의 핵심 내용을 분명하고도 쉽게 파악해낼 수 있는 깊은 한학 지식을 갖춘 학자가 아니라면 할 수 없는 일이다. 중국의 시화 자료만 해도 수백 수천 종이나 되고 한국과 일본의 시화 자료도 모두 합치면 분량이 수백 종이 넘을 정도로 방대한 편이다. 이런 수 많은 자료를 모두 분류하고 영향 관계를 분석한다는 것은 학문적 열정이 매우 뜨겁고 자료 분석 역량이 체계적인 동시에 탁월하지 않으면 누가 쉽게 할 수 있는 일이겠는가. 이런 측면에서 조종업 교수의 학문적 포부와 분석 능력은 후학들의 존경을 받을 만하다.

조종업 교수는 한국시화를 중점적으로 탐구하였다. 이 분야의 연구업적이 수십 편에 이른다. 1991년에 이르러서는 그동안 시화 연구 업적을 유형별로 정리하여『한국시화연구』를 발간하였다. 이 책은 한국시화 연구사에 있어서 매우 중요하고 대표적인 저술이다. 이 책의 구성은 총 3부로 되어 있다. 1부는 시화에 대한 일반론으로「한국시화자료고」,「한국시화의 특성」,「한국고전시평의 현대적 이해」,「한국시화사」 등으로 구성되어 있다. 주로 한국시화에 대해서 전반적으로 폭넓게 이해할 수 있는 개론적인 성격이 강하다. 2부는 시대론으로 세부목차가『고려시론연구』,『조선초기시론』, 『중세후기 시론』, 『일본의 시화』 등으로 구성되어 있다. 독자가 시대의 흐름에 따라 한국 시화의 특징을 파악할 수 있도록 하였다. 3부는 각론으로 이규보의 시평을 비롯하여 『동인시화』, 『청강시화』, 허균의 시화, 김창협의 시론, 『서포만필』, 『양매시화』, 『방산시화』, 『당송분문명현시화』 등의 연구논문을 수록하였다.

조종업 교수 저술과 정년기념논총

이처럼 『한국시화연구』는 조종업 교수의 한국시화 연구성과가 집적된 결과물로서 한국 시화 연구의 대표적인 저술이다. 이 책이 출판되자 당시 많은 연구자들의 관심을 받았다. 한국시화를 연구하는데 있어서 조종업 교수의 연구업적은 중요한 참고자료가 되었다.

4.2 『한국시화총편』 편찬과 동방시화학회 창립

조종업 교수의 가장 큰 학문적 업적 중 하나는 바로 『한국시화총편』의 발간이다. 『한국시화총편』은 우리나라 시화 자료를 총망라한 총서이다. 조종업 교수가 시화를 연구하면서 평소에 수집한 시화 자료들과 각 도서관에 소장된 시화를 조사하여 수집한 자료들을 모아 연구자의 편리를 위해 자료집으로 편찬하였다. 연구자가 시화를 연구하는데 가장 어려운 문제가 시화 자료를 확보하는 일이었다. 당시에는 시화 자료가 세상에 잘 드러나 있지 않은 상태였기 때문에 평소에 자료를 수집해두지 않으면 갑자기 발굴하기란 쉬운 일이 아니었다. 설령 시화 자료가 특정 장소에 있다는 사실을 알고 있어도 소유자의 허락이 필요했기 때문에 연구자가 그 자료를 확보하기란 쉬운 일이 아니었다.

시화 자료에 대해 연구자의 접근이 쉽지 않으면 시화연구가 활성화될 수가 없다. 시화연구를 활성화하려면 무엇보다도 시화 자료에 대한 접근성이 매우 중요하다고 판단한 조종업 교수는 연구자들이 시화 자료를 쉽게 접할 수 있어야 한다고 생각하였다. 이러한 생각은 평소에 수집한 시화 자료와 별도로 조사하여 수집한 자료를 모아 시화총편으로 간행할 계획에 이르렀다. 결국 조종업 교수는 1989년에 113종의 시화를 수록한 『한국시화총편』 12책을 동서문화원에서 발간하였다.

사실 『한국시화총편』 발간은 물적 · 인적으로도 많은 재원이 소요되어 추진하기 어려운 사업이었다. 시화 자료가 어느 한 곳에 모여 있는 것도 아니고 누가 관심을 가지고 수집한 사람도 없었다. 『한국시화총편』에 수록된 자료를 보면 단행본으로 구성된 시화 자료도 많이 들어 있지만 어떤 시화는 만필, 만담, 쇄록, 일록, 수필 등 제가들의 잡기류에서 시화만 발췌하여 수록한 자료도 적지 않다. 이는 조종업 교수가 평소 『대동야승』을 비롯하여 각종 문집에 수록된 시화 자료까지도 수집하는데 모든 노력을 기울였다는 사실을 말해준다.

『한국시화총편』 초판본을 발간한 이후에도 조종업 교수는 자료를 발굴하기 위해서 6년 동안 지속적으로 노력을 기울였다. 서울의 규장각, 국립중앙도서관을 비롯하여 전국 각 대학 도서관에 이르기까지 조사한 결과 초판본에서 누락된 많은 시화 자료가 수집되었다. 새로 수집된 시화 자료까지 합치면 그 종류는 모두 129종이다. 1996년 조종업 교수는 이 시화 자료를 일일이 해제한 다음에 『한국시화총편』 수정증보편을 총 17책의 거질로 태학사 출판사에서 발간하였다. 이는 조종업 교수의 정년기념논총인 『동방시화논총』과 함께 발간되었다.

한국시화총편

『한국시화총편』은 한 · 중 · 일 학자들에게 보급되었다. 이 자료를 근간으로 연변대학의 채미화 교수와 남계 대학의 조계 교수가 주간하여 2012년도에 『한국시화전편교주』를 발간했다. 이는 조종업의 『한국시화총편』을 활자로 입력하고 오류를 바로잡고 주석을

낸 것이다. 이로 인해 한국 시화에 대한 연구가 중국에서 촉진되었다. 시화연구(詩話硏究)가 활발하게 이루어지고 있는 연변대학은 중국에서 한국시화를 전문적으로 연구하는 대표 기관이다. 현재 한국 시화에 대한 중국학자들의 연구 현황을 보면 어느 한 대학에 편중되지 않고 전국 대학에서 활발하게 이루어지고 있다. 이처럼 중국 대학에서 한국 시화연구가 활성화된 데에는 조종업 교수의 『한국시화총편』이 근저에 자리하고 있다. 또한 조종업 교수는 『일본시화총편』 10책도 간행하였다. 『일본시화총편』이 간행됨으로써 한 · 중 · 일 간에 시화 비교연구가 가능하게 되었다.

한편 『동방시화논총』은 조종업 교수의 제자들이 스승의 정년기념을 축하하기 위하여 국내외 시화 연구자들의 논문을 모아 간행한 것이다. 이 논총의 발간은 동방시화학회 창립의 서막이라 할 수 있다. 이 논총에 수록된 학자는 우리나라 18명, 대만 3명, 중국 5명, 홍콩 2명, 일본 1명총 29편이었다. 이 논총을 발간을 계기로 1996년도 한 · 중 · 일 시화학 국제학술대회가 충남대학교에서 열렸다. 조종업 교수가 사재를 내어 경비를 조달하고 논총에 논문을 투고한 학자들을 초청하여 학술대회를 개최하였다.

일본시화총편

시화학회 학술대회는 성대하게 진행되었는데 시화학 전공자들이 한자리에 모인 것은 미증유의 일이었다. 시화학을 전공한 학자들이 모이게 되자 그 자리에서 한 · 중 · 일 시화학회를 결성하자는 의견이 제기되었다. 모든 학자들이 동의하여 학회의 명칭을 "동방시화학회"로 짓고 2년에 1회씩 한 · 중 · 일을 왕래하며 학회를 개최하기로 결정하였다. 참여학자 만장일치로 조종업 교수가 초대 동방시화학회 회장으로 선발되었다. 학회는 모든 경비를 자체 조달한 조종업 교수의 사례에 따라 학회 참여 교통비의 경우 개인이 각자 부담하지만 학회가 진행되는 공식 일정 기간동안 소요되는 숙식의 경비의 경우 학회주최자가 모두 부담하기로 규칙을 세웠다. 이는 사실 학회주관자의 부담이 될 수 있는 일이었다. 그러나 자신의 사재를 털어 학회 창설을 주도한 조종업 교수의 희생에 감동한 한 · 중 · 일 학자들이 공통된 의견으로 그렇게 하자고 정하였다.

1997년에 제1회 동방시화학회를 개최해야 했지만 당시 우리나라에 닥친 외환 위기인 IMF 사태로 인해 학회를 열 수가 없었다. 대신 조종업 교수는 1998년에 『시화학』 창간호를 발간하였다. 이 학술지는 시화학 분야에 있어서 한 · 중 · 일을 통틀어 최초의 전문학술지이자 국제학술지라는 점에서 매우 의의가 있다. 1999년에 조종업 교수는 충남대학교 문원강당에서 제1회 동방시화학회 국제학술대회를 개최하였다. 이때 한 · 중 · 일 시화학 연구자 40여 명이 참여하였다. 이후에는 홍콩의 침회대학, 홍콩대학 중국 상해대학, 대만의 중산대학, 한국의 외국어대학교, 충남대학교, 중국의 연변대학, 안휘사범내학, 호남사범대학, 사천사범대학 등에서 개최하였다. 충남대학교에서는 2017년도에 창립 20주년을 맞이하여 동방시화학 국제학술대회를 개최하였다. 이때는 조종업 교수가 세상을 떠난 후이므로 학회 참석자들은 묵념으로 조의를 표하였다.

이처럼 동방시화학회가 충남대학교에서 창립되어 현재까지 국제학술대회로 2년마다 개최되었다. 이는 조종업 교수의 시화에 대한 학문적 업적이 크고, 한 · 중 · 일 학자들이 그의 인품과 덕성을 존중하고 그 정신을 계승하려고 노력했기 때문이었다.

5

『문화유적총람』 금석문편 발간과 서예연수회 창립

조종업 교수의 대표 업적 중에 하나는 『문화유적총람』 금석문편 상 · 중 · 하 3책으로 발간했다는 점이다. 이 저술은 대전 · 충남 지역에 있는 1910년 이전까지의 금석문을 탁본하고 탈초 · 번역하여 출판한 책이었다. 『문화유적총람』 금석문편을 간행하는데 참여한 편찬 위원은 조종업 교수가 책임위원이며, 송용재가 부책임위원이며 사재동, 김선기, 최준하, 박우훈, 이성우가 위원이었다.

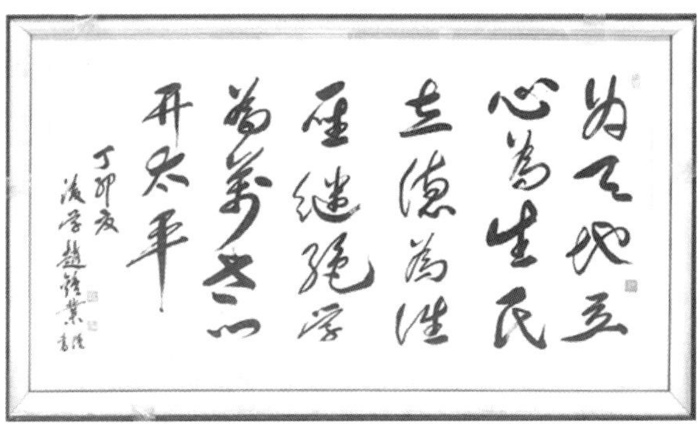
조종업 교수의 서예 작품

『문화유적총람』 금석문편 상에는 공주시 16편, 온양시 4편, 금산군 33편, 연기군 26편, 공주군 38편이 수록되었다. 금석문편 중에는 논산군 49편, 부여군 51편, 서천군 8편, 보령군 12편

등이 수록되었다. 금석문편 하에는 청양군 14편, 홍성군 5편, 예산군 26편, 서산군 7편, 태안군 4편, 당진군 15편, 아산군 23편, 천원군 9편이 수록되었고 부록으로 대전시에 있는 금석문의 명단과 서지사항이 수록되었다. 『문화유적총람』 금석문편은 충남지역 금석문 중 1910년 이전의 중요한 금석문은 거의 다 망라되었다고 할 수 있다.

조종업 교수는 『문화유적총람』을 편찬할 때 금문과 석문을 빠짐없이 수록하지 못했다고 아쉬움을 토로하였다. 이는 조종업 교수가 대전 · 충남 금석문을 모두 수록하려고 노력했다는 점에 대한 반증이기도 하다. 금석문을 편찬할 때 조종업 교수는 6가지 원칙을 세웠다. ① 금석문의 위치, 소유자, 규격을 간략하게 기록하고 ② 금석문을 사진 촬영하여 게재하고 ③ 금석문의 탁본을 축소하여 전문을 게재하며 ④ 금석문의 문자 크기를 알 수 있도록 탁본을 게재하고 ⑤ 금석문의 내용을 활자화한 다음 구두점을 찍고 판독이 어려운 글자는 문집과 대교하여 수정할 것 ⑥ 금석문을 번역하고 상단에 번역문을 수록하고 하단에 구두점 찍은 원문을 수록할 것 등이었다.

이런 원칙에 의거하여 편찬된 『문화유적총람』 금석문 상 · 중 · 하 3책은 대전 · 충남지역의 금석문을 고찰하는데 매우 중요한 자료이다. 이 금석문은 대부분 신도비명, 묘갈명, 묘비문 등이 차지하고 있어서 충청학 관련 중요한 인물 정보도 제공해 준다. 이 책은 충청학을 연구하는데 기초자료라고 할 수 있다.

다른 한편으로 조종업 교수는 창애 김순동 교수로부터 한학 뿐만 아니라 서예도 사사받았다. 서예 방면에서도 조종업 교수는 일가를 이루었다고 할 수 있다. 서예에 대한 조종업 교수의 깊은 조예는 대전 · 충청의 서예 문화 발전에 기여하였다.

학산문고에서 서예연수회 출신 제자들과 함께

조종업 교수는 1968년에 충남대학교 내에 서예연수회를 설치하고 지도교수로 활동하여 많은 서예가를 양성하였다. 장암 이곤순, 송암 정태희를 비롯하여 야천 이동, 춘강 염호택, 우석 최성창, 현강 박홍준, 가은 서성관, 동은 이흔규, 석지 김응학, 여산 이성배, 석보 이길원, 봉산 송승헌 등은 전국적인 지명도가 있는 서예가이면서 대전 · 충남 지역 서예 문화를 이끌어가는 충남대학교 출신 대표 작가들이다.

또한 조종업 교수는 서예연수회를 지도하면서 전국학생 휘호대회를 개최할 수 있도록 하였다. 당시 전국 규모로 학생휘호대회를 개최한 것은 충남대학교가 최초였다. 전국에서 휘호대회에 참여자가 1000여명이 이르기도 하였다. 그만큼 충남대학교의 서예연수회가 주최한 휘호대회는 전국적으로 주목을 받기도 하였던 것이다. 서예연수회에서는 『墨苑』이란 회지를 연간으로 간행하여 서예 문화에 대한 학생들의 이해를 진작시켰다.

6

나오는 말

이상과 같이 조종업 교수는 구학과 신학을 겸비하고 충남대학교 교수로 재직하면서 다방면으로 뛰어난 업적을 남겼다. 문·사·철 방면에 고루 많은 업적을 남긴 조종업 교수는 1990년대에 재단법인 충남대학교송자학연구재단을 설립하면서 우암 송시열의 학문과 사상에 대해 국제적인 시각에서 연구하는데 큰 공을 세웠다. 한·중·일의 저명한 학자들이 우암 송시열의 학문과 사상에 대해 연구한 것은 조종업 교수의 학문적 깊이와 개인적 친분으로 인해 가능한 것이라 할 수 있다. 그 결과 송자학 연구소의 열악한 상황 속에서도『송자학논총』을 7집까지 간행할 수 있었다.

또한 조종업 교수의 전공 연구 분야는 시화학이었다. 시화학 연구 방면에서 세계적 석학이었던 조종업 교수는 국제학술 단체인 동방시화학회를 결성하는데 주도적인 역할을 하고 초대 회장으로서 학회를 원활하게 출범시켰다. 이 학회는 지금까지도 조종업 교수의 학회 창립 정신을 존중하고 2년마다 한국·중국·대만을 돌아가면서 학술대회를 개최하고 있다. 이는 동아시아 전통 문화인 시화연구를 통해 한 · 중 · 일 연구자들에게 동아시아인으로서의 공동체 의식을 형성하고 학술교류와 친목을 도모하는 계기가 되었다. 이는 전적으로 조종업 교수가 기반을 조성한 공이 크다고 할 수 있다.

뿐만 아니라 『한국시화총편』을 간행하여 한 · 중 · 일 연구자들에게 보급함으로써 해외 한국학 연구자들의 시화방면 연구가 최근 들어 더욱 활성화되었다. 특히 중국은 전국 대학에서 고루 한국 시화 연구자들이 증가하는 현상이 있다. 시화방면에서 중국에서 한국학 관련 연구가 증가한 점은 조종업 교수의 『한국시화총편』이 보급됨에 따라 연구자들이 쉽게 자료를 접근할 수 있었기 때문에 가능한 일이었다.

조종업 교수는 그동안 수집한 문집을 비롯한 한문 자료를 비롯한 서적 수만 권을 모두 충남대학교 도서관에 기증하였다. 한때 학산문고는 중국인 교수가 충남대학교를 방문했을 때 제일 먼저 방문하는 코스였다. 그러나 조종업 교수가 세상을 떠나자 당시에 도서관 측에서는 도서관의 소장 공간이 협소하다는 핑계로 제일 먼저 학산문고를 없애버렸다. 나는 학산문고를 정리하면서 조종업 교수가 평생 모아둔 개인 편지, 각종 홍보물, 사소한 기록물들을 그대로 버릴 수밖에 없었다. 이러한 기록물은 훗날 연구자로서의 조종업 교수의 일생을 재구성할 수 있고 당시 학계의 흐름을 파악할 수 있는 중요한 증거물들이었다. 10여 년이 지난 지금도 나는 학산문고를 그대로 보존하여 외국인이 방문했을 때 홍보관으로 활용했으면 어땠을까 하는 아쉬운 생각을 여전히 지워버릴 수가 없다. 명문대학교에는 이러한 장소가 많이 있다는데 우리 대학에는 한 곳도 없으니 말이다.

학산 어록

대만 유학 시절

"오늘날 우리 세대(世代)에 와서 이러한 오해할 만한 이설(異說)이 분분(紛紛)하고 간혹 시비(是非)를 혼동(混同)하는 수가 있는 것은 현재(現在) 우리들의 학문지식(學問知識)이 천박(淺薄)한데다가 전통문제(傳統問題)를 너무나 외면(外面)하고 소홀(疏忽)히 하여 이러한 현상이 나타나는 것은 필연적인 사실이라고 여겨진다."(『白村의 忠節精神』, 1995)

"제왕(帝王)들은 여론(輿論)을 청취(聽取)하고 민정(民情)을 살피기 위해서는 언제나 백성(百姓)들의 소리를 듣기 위하여 사문(四門) · 사목(四目) · 사청(四聽)을 열라 하고, 창언(昌言)을 들으면 절하기도 하여 되도록이면 멀고 가리워진 곳의 사정(事情)을 듣기를 노력(努力)하였다."(『靜菴 趙光祖 先生의 道學思想과 現代』)

"위정척사(衛正斥邪)는 다만 말로만 부르짖은 것이 아니라 문자(文字)로 써서 발표하고, 또한 행동(行動)으로 실천(實踐)하여 혹은 죽기도 하고, 혹은 귀양가기도 하고, 혹은 의병(義兵)을 일으켜서 국가(國家)의 멸망에 즈음하여 그래도 일맥양기(一脈陽氣)가 살아서 한민족(韓民族)의 정신(精神)이 죽지 않았음을 보여 주었던 것이다."(『重菴先生과 衛正斥邪』, 1994)

군시절

대학 졸업식(1959년)

대만 유학 시절(왼쪽에서 세 번째)

한 · 중국제학술대회(1988년)

거암(巨巖) 박계홍(朴桂弘) 교수의 생애와 학문

박계홍

글 · 황인덕

1937 – 1988

들어가며

거암은 자기 주도적이고 개척자적인 길을 걸어온 인물이었다. 거암 학문의 첫걸음은 지도 교수의 지도나 누구로부터의 영향을 받은 바 없이 혼자서 고뇌하며 모색하고 스스로 타개한 결과였다. 그렇게 출발하여 30대 중반에 한국 역사민속 연구에 뚜렷한 업적으로 꼽힐 결실을 거두었다. 나아가, 현지조사를 중시하는 연구 분야를 개척함으로써 한국의 당제(堂祭)를 최초로 종합한 대표적인 연구 업적을 이루어 국제적인 시각에서 크게 조명을 받은 바 있다. 또한 그 후에는 한 · 일 민속의 비교 연구에 주력하여 비교민속학을 개척하는 데에도 남보다 앞선 실적을 성취해 냈다.

이처럼, 거암이 걸어온 민속 연구의 역정은 처음부터 모색이고 모험이고 도전이었으며, 각 단계마다 그에 부응하는 선도적인 업적을 이루어 학계로부터 주목을 받곤 하였다. 그만큼 거암은 늘 실천을 앞세우고 주체적인 활동을 중시한 활동적인 학자요 교수였다. 그리고 그런 태도를 늘 교육 현장에서도 강조하여, 주도적이고 탐구적인 자세로 매사에 임하는 공부 자세를 중시하고자 했다.

박계홍

1

들어가는 말

본 글은 충남대학교 국어국문학과에서 민속학 전공 교수로 재직하면서 선명한 발자취와 큰 업적을 이룬 거암(巨巖) 박계홍(朴桂弘, 1937~1988) 교수(이하 '거암'으로 약칭)의 생애와 학문을 조명해 보려는 것이다. 1952년 설립된 충남대학교의 모태는 문과대학이었고, 문과대학의 뿌리는 한국말과 문학의 근본을 찾고 이해하는 국어국문학과에서 마련되었다고 할 수 있다. 이 국어국문학과라는 둥지를 틀고 후진 학자들에게 국학정신을 정립해 준 인물들이 1세대 학자인 장암(藏菴) 지헌영(池憲英, 1911~1981) 교수와 선오당(羨烏堂) 김형기(金炯基, 1906~1990) 교수였다면, 거암 교수는 짧은 생애 동안 수다한 논문과 많은 저서를 남김으로써 자신의 학문을 새로 개척하고 독자적인 역할을 충실하게 해낸, 2세대를 선도한 학자의 한 사람이었다.

거암은 학자의 길에 들어선 이래, 초창기의 모색 단계를 거쳐 민속학자로서 왕성한 연구력을 발휘하면서 길지 않은 생애 동안 여러 업적을 성취하였다. 이 글에서 필자는 거암이 학자로서 걸어 나간 역정과 그에 따른 업적을 중심으로 그의 생애를 살펴보고자 한다.[1]

2

거암(巨巖) 교수의 생애 구분

흔히 인물의 생애를 다루는 경우 식물의 나고 죽는 과정에 따라 구분하기도 하고 사계절의 순환 이치나 기승전결 구조에 맞추어 이해하기도 한다. 어느 경우나 시작과 끝이 있음이 공통이라 하겠는데, 이런 틀에서 보면 1937에 나서 1988년에 작고한 거암의 생애는 끝이 제대로 갖춰져 있지 않다고 할 수 있다. 그의 생애와 학문을 구분해 보려 할 때 완결과 정리 부분이 결여된 모습을 보여주고 있는 것이다. 거암의 생애를 다루는 데에 따르는 한계점이라 하겠는데, 바로 이점을 유의하면서 그의 생애와 업적을 균형감 있게 정리하고 평가하는 일이 필요하리라 여겨진다. 본인 스스로의, 계획된 생애 총결산은 이루지 못했다 해도, 평상적인 학문 활동을 통한 크고 작은 중간 결산은 없을 수 없는 것이며, 그것은 그것 나름대로 개인의 생애사적 측면에서 정당하게 조감되고, 연구사적 위치가 올바르게 부여되어야 할 것으로 본다.

거암 선생의 전 생애와 학문 활동을 연관 지어볼 때, 그의 학문적 생애는 대략 다음과 같이 구분할 수 있다고 본다.

1. 성장 · 수학기
2. 학문의 방향 모색기
3. 민속학 개척기
4. 연구의 심화 · 확장기
5. 중간 결산 및 정리기

성장 · 수학기는 출생 이후 초, 중등학교를 거쳐 대학을 졸업하기까지의 단계에 해당된다. 다음, 학문의 방향 모색기는 대학원 진학 이후 석사학위 논문을 쓰고 민속학 쪽으로의 방향 전환을 모색하던 과정이 이에 해당된다. 이 과정은 길지 않은 기간이었지만 거암으로서는 중요하고도 의미 있는 생애로 이해될 필요가 있다. 다음, 민속학 개척기는 민속학 관련 첫 논문을 발표한 이래 첫 저서인 『한국민속연구(韓國民俗硏究)』를 간행하기까지의 단계로 설정할 수 있다. 민속학 쪽의 여러 논문을 다방면에서 활발히 발표하고, 그 결과를 일정한 단행본으로 간행하기까지의 과정은 무엇보다도 개척자적 열정을 주목하여 이해해야만 할 일이라 여겨진다. 연구의 심화 · 확장기는 70년대 중반 이후 일본에 유학한 전후, 박사논문을 통하여 한국의 당제(堂祭)를 종합 정리하고 한 · 일 비교 연구 쪽으로 관심을 넓혀 나가던 시기이다. 그리고 마지막 중간 결산 및 정리기는 위와 같은 연구 추세를 지속하면서 1980년대 이후 그동안의 연구 역량을 바탕으로 개론서를 집필하는 한편, 기존 연구 성과를 단행본으로 정리해 나가던 무렵으로서, 거암의 생애 마지막 단계가 이에 해당된다.

3

성장 · 수학기

거암은 1937년[2] 2월 8일(음) 부여군 규암면 나복리에서 부친 박호성(朴鎬成: 1907~1986)과 모친 이백순(李百順: 1915~2009) 사이에서 장남으로 태어났다. 2남 1녀의 막내로 태어난 부친 박호성은 일곱 살 때 부모를 함께 잃고 극빈 속에서 자랐으며, 어렵게 성장했지만 온순함과 근면함으로 인해 그 당시 규암감리교회 장로로서 6자매를 두고 있던 이석범씨로부터 양자처럼 사랑을 받았으며, 그의 장녀와 혼인하고 같은 마을로 분가하였다. 그리고 이때부터 그도 착실한 교인이 되었고, 뒤에 자연스럽게 거암을 포함하여 온 가족이 교회에 다니는 계기가 되었다. 그러나 거암이 교회에 나가기 시작한 것은 나복리에 교회가 따로 세워지고부터였고, 믿음의 깊이에 있어서도 그다지 독실한 정도는 아니었으며 그나마 대학 이후부터는 신앙활동이 단절되었다.

부여고등학교 시절

박호성은 거암을 장남으로 하여, 계문, 명자, 명옥, 계업 등 3남 2녀를 두었으며, 이후 아내와 함께 처가의 농사일을 돕는 일면, 자녀들을 기르고 교육을 시키느라 농한기에는 가마니를 짜 공출을 하기도 하고, 갖은 잡역과 힘든 노동을 하면서 살림을 꾸려가야 했다. 이처럼 어려운 처지에서도 5남매의 뒷바라지를 잘 하여 모두 고등학교 혹은 대학교 교육을 마치게 함으로써, 당시 부여 군수로부터 '장한 아버지상(賞)'[3]을 받기도 하였다.[4]

가정 형편은 어려웠지만 대체로 온순하고 착실한 성품에 공부를 잘했던 거암은 규암초등학교를 마친 뒤 부여중학교로 진학했고, 중학교를 마치고는 계속하여 부여고등학교로 진학했다. 당시 인근 마을에 사는 그의 친구들은 자전거 통학을 하는 경우도 많았는데, 가정 형편이 어려운 그는 중고교 시절 내내 꼬박 걸어서 학교에 다녀야 했다. 그는 초등학교 때부터 고등학교 때까지 반장을 여러 차례 했으며, 늘 단정한 차림에 언동이 민첩했고, 달리기와 평행봉 운동을 잘했다고 한다. 그러면서도 그는 운동 기질의 활동형이라기보다는, 등하굣길에 단어장이나 암기 공책을 열심히 읽으며 걷는 모습이 친구들의 눈에 자주 띌 정도로 공부에 열심인 모범형의 학생이었다.

고등학교 시절 그는 책 읽기를 좋아하는, 특히 문학 서적을 좋아하는 학생이었다. 등산과 여행도 즐기는 편이었으며, 과목은 국어를 잘했고, 웅변을 한 적도 있었다. 학교 공부에 충실하긴 했으나 그렇다고 학과 공부 일변도의 책벌레 형 학생은 아니었다. 자유로이 독서하고 때로 자유분방한 상상력을 발휘하거나 기발한 의견을 내는 것으로 친구들을 웃기는 학생이기도 했다. 자세히 확인할 길은 없으나 이 무렵 그는 창작적 재능도 어느 정도 보여주었던 것으로 이해된다. 그가 대학에 진학하면서 문과 쪽으로 방향을 잡은 것이나, 그중에서도 국문과를 선택한 것은 대략 이 무렵부터 뚜렷이 드러내 보인 소질과 취향에 따른 결과였던 듯하다.[5]

밑의 두 누이는 고교 시절 교육감상을 받을 정도의 우등생이었음에도 모두 대학 진학의 혜택을 받지 못했음에 비하여, 거암은 자신의 뜻대로 대학 진학의 뜻을 이루었다. 남아를 중시하는 부모의 지원에 힘입은 바가 컸다고 할 수 있다. 다만 가정 형편을 고려하여 가까운 곳에 있는 충남대학교를 택하여 지원하게 되었다. 대학 시절 거암은 매사에 민첩하고 예의 발랐으며, 인간관계에서 늘 친화력이 있는 학생이기도 하여, 3학년 때는 학과 대표를 맡기도 하였다. 학과 공부를 하는 동안 보여준 그의 취향은 현대문학에 가까웠고, 관심 분야는 소설 창작 쪽이었다. 그로써 당시 문과대학지인 《상원(想苑)》에 꽁트를 발표하기도 했는가 하면,[6] 부여 출신 대학생들의 문학 동호인 모임인 《백류(白流)》를 통하여서도 그와 비슷한 방향에서 창작 활동에 동참하였다.[7]

1959년 군복무 시절

1956년에 입학하여 줄곧 자취생활로 대학시절을 보내던 거암은 1961년에 병역과 대학 졸업을 거의 동시에 마쳤다. 그러면서, 누구나 그렇듯 이 시기에 거암은 졸업 후의 진로 문제를 두고 한동안 고심을 했던 듯하며, 바로 그 무렵 그는 생애상의 한 의미 있는 기회와 접하게 된다. 졸업을 했으므로 당장 직장을 모색해야만 했고, 그러한 방편으로서 공무원으로의 진출을 고려하고 있던 처지였던 그에게 당시 도서관장이던 은사 김형기 교수가 도서관 조교 근무를 권유한 것이다. 그는 은사의 이 뜻하지 않은 고마운 권유를 고심 끝에[8] 받아들였고, 이로써 도서관에서 1961년에서 1968년까지 무려 8년 가까이 근무하게 된다. 이로써 일단 생활의 방향이 정해지자, 그는 시골 어른들의 주선으로 고향 마을에서 가까운 곳에 살고 있던 김영숙(金永淑: 1937~)과 평생의 반려로서 만나게 된다. 이후 그의 도서관 생활은 거암이 대학원에 진학하여, 석사학위를 받고, 장차 학자로서의 방향에 대해 고민하고 자기 성취를 위해 발돋움해 나가는 보금자리가 되어 주었다.

1961년 결혼

1969년 아기를 안고

4

학문의 방향 모색기

도서관 조교라고는 하나 당시 그것은 연구조교가 아닌 단순한 사무 조교였다. 그럼에도 거암이 이를 고맙게 수락한 것은 평소 존경하던 김형기 교수로부터 학문에 대한 자극과 격려를 받았기 때문이 아닌가 싶다. 또한 그만큼 그 스스로 사회 진출을 고려할 무렵부터 이미 학교에 남아 학문 쪽으로 나아가고자 하는 욕구도 있었던 듯하다. 졸업 후 일 년 뒤인 1962년에 그가 대학원 석사 과정에 입학하게 된 것은 바로 은사의 이러한 따뜻한 배려와 격려에 힘입은 결과로 보인다.

1960년대 중반 도서관 근무 시절

이 무렵 그의 주변 환경에 한 가지 의미 있는 변화가 있었음을 기억해 둘 필요가 있다. 그가 대학원에 진학한 직후 교수와 대학원생들로 이루어진 학문을 위한 친목 단체가 구성되고, 이것이 1962년 11월에는 '어문연구회'라는 정식 학술단체로 출범한 사실이다. 주목되는 것은 이 연구회의 분과 가운데 하나로 '민속학'을 국어학, 고전문학, 현대문학과 함께 설정해 두고 있었고, 「처용무 연구」를 발표하여 주목받았던 김용구(1회 졸업)와 거암이 이 방면의 구성원을 이루고 있었다는 사실이다. 이는 그가 대학원 진학과 거의 동시에 민속학 쪽에 관심을 두기 시작했으며, 주위로부터도 그렇게 인정되고 있었음을 말해 주는 증거가 된다.

민속학 분야가 설정되었다고는 해도 이 무렵 이에 대한 지도를 받을 만한 분이 따로 없는 실정이었다. 김열규 교수가 국문과에 일시 재직하고 있었지만 이미 전근을 간 상태였다. 따라서 학문의 방향과 진로 문제를 혼자서 모색해야만 했으리라고 여겨지는데, 이때 그에게 영향을 준 사람이 동향 출신의 민속학자인 임동권(任東權, 1926~2012) 교수였다. 거암이 당시 서라벌 예술대학 학장으로 재직하고 있던 임 교수를 찾아간 것은 대학원에 입학한 직후였고, 이는 명망 있는 학자로부터 자극을 받고 조언을 구하기 위함이었던 듯하다. 장차 진로와 공부 문제에 대하여 일찍부터 고심하고 모색했음을 알게 한다. 이때 임 교수는 민속학 연구의 필요성을 역설하는 일면 민요 연구의 시급성을 일깨워 주기도 했다고 한다. 임 교수가 당시 민요 수집에 열중하면서 관련 논문들을 발표하고 있었던 시기였던 것으로 보아, 그와의 만남을 통해 거암이 구체적으로 영향을 받은 것도 주로 민요 쪽이 아니었나 여겨진다. 또한, 여기에는 때마침 당시 한국일보사에서 1962년을 민요와 민담 수집 작업을 광범위하게 실시하는 해로 정한 사실과도 어느 정도 관련이 있는 듯하다.[9] 이에 대한 거암의 관심이 상당히 진지한 것이었으리란 점은 같은 해 논설성의 글을 세 차례 발표하고 있는 데에서 알 수 있다. 그는 「민요수집방법서설」(상 · 하)이란 글을 통하여[10] 당시 한국일보에 실린 김영돈 교수의 글이 지니는 문제점을 반박하면서, 현지에서의 민요조사 방법에 대해 상당히 자세한 논의를 펴고 있다. 실질적인 체험에 입각한 논의였으리란 점을 짐작케 한다. 더하여, 같은 해 12월에는 일 년 간의 민요조사 성과를 정리하고 평가하는 논설을 발표하고 있는 것[11] 또한 그의 이에 대한 관심이 가볍지 않았음을 말해준다 하겠는데, 그러나 어떤 연유에서인지 이런 관심은 이후 생산적으로 지속되지 못하고 있다. 아마도 당면한 학위 논문 준비의 부담이 주된 요인이 아니었나 짐작되는데, 어떻든 이는 학자의 길로 나서는 출발 과정에서 그 스스로 겪은 학문적 모색의 일단을 보여준 것이란 점에서 일정한 의미를 지닌다고 할 만하다.

민속학에의 가능성을 모색하고 있었다 해도, 그가 당면 과제로 씨름해야 했던 것은 석사학위논문이었을 것이다. 당시의 논제는 '한국역사소설사'였다. 민속학 쪽에 뜻을 두고 있다 해도 그 방면에서는 논문 지도를 받는 일이 실제로 불가능한 상황이었던 데에다, 평소 소설 습작이나 평론에 관심을 보였던 그로서는 이런 방향에서의 논제 설정이 불가피했을 것이다. 이 논문의 완성을 위하여 거암은 병이 날 정도의 노력과 열정을 기울인 듯하다.[12] 논문의 내용에 대해서는 비교적 박한 평가를 하고 있는 당시의 지도 교수 김우종도 필자의 그러한 노력에 대해서는 호평을 아끼지 않고 있다. 순수와 참여 문제를 다루는 등, 이 논문은 당시 은사의 한 분이었던 김우종 교수의 영향을 강하게 받으면서 완성된 것으로 보이는데, "석사학위 논문치고는 너무나 비중이 크고 힘에 겨운 것이었다. 그런 탓인지 결코 만족할 만한 것은 되지 못한 것 같다"라거나, "방대한 양의 역사소설 거의 전부를 통독하고 비판해 보았다는 것이 박군에게는 큰 결실이라고 볼 수 있다. 그리고 그것을 하나의 사적인 체계 속에 배열, 종합해 보았다는 것이 큰 경험일 것"[13]이라는 평을 받고 있다. 그러나 여기에서 제시된 일부 소극적인 평가의 이유가 필자의 능력 부족 때문이라기보다 논제의 성격에 의한 것임을 유의한다면, 이 논문은 긍정적인 쪽에서의 평가가 어느 정도 상향 조정될 필요가 있다고 여겨진다. 그뿐만 아니라, 무엇보다도 곳곳에서 드러나는 필자의 독자적인 비평안과 적절한 분석, 그리고 긴 내용을 적절하게 압축하여 서술하고 있는 점 등이 비중 있게 고려되지 못한 채, 대체로 피상적인 평가에 그치고 있다는 점이 지적돼야 하지 않을까 한다.

위 논문은 비평사적 위치에서 지니는 위와 같은 의미 외에도, 글쓰기 방식이나 대상을 다루는 안목의 훈련 등 여러 가지 면에서 이후 본격화되어 나갔던 그의 학문 활동의 기본 틀을 마련해 주었다는 측면에서도 중요한 의미를 지닌다. 그런 점에서 위 석사논문은 논술체 글의 형식성, 논리 전개의 명료성, 문체의 유창성을 중시하는, 글쓰기 방식에서 드러나는 거암의 개성이 잘 발휘되

1963년 석사학위 취득

고 있다는 사실을 간과할 수 없다고 여겨진다. 그리고 논제의 성격상 주어진 문제의 사적 정리가 중요시되는 과제였다는 사실도 함께 고려할 필요가 있다고 본다. 석사논문이 분석과 종합, 그리고 문장력이 숙련되는 중요한 과정임을 유의한다면, 이후 학자로서의 학문 연구 방향과 연구 방법, 그리고 문체상의 개성까지를 결정하는 데에 거암의 위 논문은 중요한 기본 바탕을 마련해 주었다고 해야만 할 것이다.

5

민속학 개척기

국제민속학 학술회의 참석(1971. 10. 24.)

석사학위를 마친 거암은 도서관 업무에 충실하는 한편 교수로서의 진출을 꿈꾸면서 학문의 방향 모색에 고민하지 않을 수 없었을 것이다. 석사논문 쪽에서 자신의 진로를 개척하기에 한계가 있음을 느끼면서, 민속학 쪽에 대한 모색을 재개해야만 했을 것으로 보이는데, 그러나 이때는 민요의 현지조사에 관심을 보였던 전단계와는 다른 방향에서 자기 모색을 꾀했음을 보여준다. 현지조사를 통한 민속에의 관심이 아닌, 문헌을 중심으로 한 연구로 기울어지게 된 점이 그것이다. 이 무렵의 이러한 방향 정립은 거암의 민속학 연구에 있어 첫 단계가 된다는 점에서 중요한 의의를 지닌다고 할 수 있다. 이러한 방향에서 65년에 첫 논문을 발표한 것[14]을 기점으로

하여 그 동안의 논문들을 『한국민속연구』[15]로 간행해 낸 70년대 초반까지를 거암 민속학 연구에서의 개척기로 규정하여 이해할 수 있다.

그의 초기 민속학 연구 방향이 이렇게 설정된 것은 주로 그 자신이 도서관 업무를 수행하면서 연구 가능성과 방향을 탐색해야 했던 조건 때문임을 짚고 넘어갈 필요가 있다고 본다. 현지조사의 필요성을 알고 있었다 해도 본격적인 조사에 착수하기 위해서는 치밀한 사전 계획과 많은 시간, 그리고 지속적인 노력이 필요함에 비해 문헌 중심 연구는 무엇보다도 자료 입수가 어렵지 않다는 점에서 쉽게 접근할 수 있는 연구 방법일 수 있는데, 이런 점에서 거암은 당시 누구보다도 문헌 중심의 민속학 쪽으로 나아가기에 유리한 조건에 있었고, 바로 그런 여건을 적극 이용함으로써 독자적인 연구 분야를 열어갈 수 있었다고 해야 될 듯하다. 그리고 이점은 그대로 개척기 거암 민속학 연구가 보여준 중요한 성격이기도 하다.

이러한 문헌 자료 중심의 연구 성향에 따라 이 무렵 거암의 민속 연구는 자연히 역사민속학적 성격을 띠게 되었고, 이러한 성격을 보여주는 일련의 논문들을 지속적으로 발표했다. 이들 논문은 일제강점기 조선총독부에서 펴낸 『조선의 풍속자료집(朝鮮の風俗資料集)』, 『조선의 예언과 점복(朝鮮の豫言の占卜)』 등에 정리된 기초 자료가 많은 도움이 되었으리란 점을 알게 한다. 주

동북아시아 민속학 심포지엄(1976. 5. 31.)

제별로 정리된 기초 자료를, 이처럼 시대별로 재정리하고 역사적 관점에서 그 변화상과 의미를 부여하고 있음은 단순 민속자료를 역사민속학적으로 파악하고 해석한 것이란 점에서 그 방면에서 중요한 기여를 했다고 볼 수 있다. 당시 이처럼 문헌 자료 중심의 연구를 수행하면서도 그는 다양한 대상 가운데에서 이변(異變)의 상징성 고찰, 그리고 민속제의(民俗祭儀)와 무속을 통한 민속신앙 쪽으로 관심을 한정하여 다루는 데에 주된 관심을 보여주고 있다.

이 가운데 거암의 민속학 연구에서 빼놓을 수 없는 것의 하나로, 먼저 이변의 상징성 고찰 쪽 연구를 주목할 필요가 있다. 이 방면에서 그는 「고대 용신사상(龍神思想)에 대한 연구」(1969)로써 처음 관심을 보인 이래, 얼마간의 기간을 두고 두 편의 글을 더 발표하였다.[16] 문헌에 나타나는 용신, 천변지이, 동식물의 이변에 대한 사례를 두루 정리하면서 그것의 상징성과 현실적 예시성(豫示性)을 고찰하는 데에 주력하였다. 민속 관념의 기층성을 이루는 현상들을 이처럼 체계적으로 정리하고 의미 해석을 꾀한 것은 산발적으로 주어져 왔던 이 방면에 대한 종전의 접근 수준을 진일보시킨 것이다. 여기에서 우리는 거암이 이 글들을 책으로 펴내면서 '설화분석을 위한 민속연구'라는 큰 제목으로 묶고 있는 점[17]에 주의를 기울일 필요가 있다. 이들 민속상징은 이미 그것 자체 민속 관념의 전통성 · 기층성으로서 독자성을 지니는 것이다. 그럼에도 굳이 이러한 연구를 설화 연구를 위한 기초 작업 쪽으로 귀속시키려는 태도를 보이고 있음은, 민속 연구가 되도록 문학 연구와 연결되어야 한다는, 그 당시의 민속 연구자들이 일반적으로 지니고 있던 인식의 한 추세로 이해할 수 있다. 동시에 이는 대부분의 민속학자가 국문학 쪽에서 출발하고 있는, 우리 민속학계가 보여주는 하나의 특수성이자, 그에 따른 국학에 대한 인식의 한계점을 보여주는 것이기도 하다는 점을 기억하고 넘어갈 필요가 있다. 거암의 개척기 민속학 연구도 이러한 시대적 추세를 일정하게 반영하고 있음에서 예외가 아님을 말해준다.

이쪽 방면보다도 그가 더 주력한 것은 민속신앙과 무속 방면이었다. 전자 쪽에서는 그의 첫 논문인「중세사회(中世社會)의 기우의식(祈雨儀式)에 대한 고찰」을 포함하여 두 편의 글[18]을, 그리고 후자 쪽에서는 일곱 편을 발표했다. 주어진 논제에 대해 거암은 시대적, 사회적 기능과 변천상을 파악하는 데에 주안을 두어 다루고 있다. 이 때문에 그의 글은 역사민속학적 시각에 머무는 것만은 아니며, 기능을 중시한, 사회학적 관점에서의 이해를 함께 겨냥하고 있다는 판단을 가능하게 한다. 중세시대, 또는 근세시대라 하지 않고 굳이 중세사회, 근세사회라는 용어를 쓰고 있음이나, 기우제가 아닌 기우의식이라는 용어를 쓰고 있음도 이런 시각을 반영하는 것이라 이해된다. 거기에다, 비평적 시각에서 연구 대상을 판단하고 비판을 가하는 논조로 결론을 맺고 있는데, 이것이 곧 그다운 개성을 잘 보여주는 점이라는 사실도 고려해 둘 필요가 있다.

이때의 연구 대상에서 무속에 집중적인 관심을 보여주고 있는 사실은 깊이 주목할 필요가 있다고 본다. 거암은 무속 관련 논문을 비교적 단기간 동안(1969~71)에 7편을 발표하고 있다.[19] 무속에 대한 이러한 관심은 이에 앞서 이미 1965년『충대신문』에 발표한「삼국조(三國朝)의 왕훙(王薨)에 따른 천변지이(天變地異)에 대하여」란 글의 부제를 '한국고대사회의 샤마니즘 고찰의 일단으로'라고 부여하고 있음이나, 역시 1968년 같은 지면에 발표한 「한국민속연구서설」에서 '샤머니즘의 본질'이 별도의 장으로 다뤄지고 있음을 고려하면 이 분야는 개척기 전 기간에 걸쳐 거암 민속학 연구의 중심 과제로 모색되고 탐구되어 왔던 것임을 알 수 있다. 이 무렵 그의 관심이 이에 기울어 있었던 사실은 당시 민속학계의 전반적인 연구 추세와 무관하지 않다고 이해된다. 샤머니즘은 이미 이능화나 최남선 등 초기 국학자들 때부터 중시되어 다뤄져 왔던 과제로서, 1960년대 이후로 접어들면서는 이에 대한 관심 영역이 넓어져 신화 중심의 이해, 무가 중심의 고찰, 지역적 특징의 파악, 사회학적 접근 등 다양한 측면에서의 관점 확장과 해석의 심화가 이루어지던 시기였다. 이러한 다양화를 지향하던 당시의 연구 분위기 속에서 거암은 무속에 대한 새로운 연구 시각의 하나로서 역사학적 · 사회학적 이해의 가능성을 발견하고자 했던 것이 아닌가 여겨진다. 위 「한국민속연구서설」이라는, 짧지만 자못 의욕적인 주제를 내걸고, 그 속에서 무속의 본질을 다루고 있었음을 유의하면, 당시 거암은 무속을 중심에 둔 '한국민속연구'를 일관되게 추구해 보려는 구상을 했던 것이 아닌가 짐작되기도 한다. 그리고 위에서 말했듯, 이런 쪽의 연구로 나아간 것은 그 무렵 거암이 처한 생활환경과 연구 여건에 의해 결정된 측면이 크다고 할 수 있다.

그의 무속 연구가 뚜렷한 방법론을 전제하고 있는 것은 아니지만, 문헌 중심 연구가 지니는 특성으로 하여 대체로 사례를 시대에 따라 정리 · 분류하고, 현상을 기술하며, 기능을 분석하고, 종합 평가하는 과정으로 연구가 수행되고 있다. 그러다 보니 자연히 시대 중심의 역사적 연구와, 기능 중심의 사회적 연구의 성격이 강조되어 나타나고 있다. 이들 논문의 이름이 주로 '…끼친 영향', '…사회적 기능에 대하여', 또는 '…타락상에 대하여'와 같이 부여되고 있음은 바로 무속을 사회적 기능에 중점을 두어 다루려는 시각을 말해주는 것이라 할 수 있다. 이러한 일련의 연구는 그대로 위 두 가지 관점에서의 민속 연구에 중요한 기여를 했다고 평가된다. 산만하게 발견되는 자료를 체계적으로 정리하여 역사적 변화상을 찾고 상호 차이점에 유의하여 지속성을 파악하고자 한 것은 분명 그의 글이 달성한 중요한 성과라 할 수 있다. 아울러, 이러한 시대적 변천상을 무속의 사회적 현상으로 주목하여 그 기능을 세심히 관찰, 기술함으로써 해당 시대와 사회에서의 순기능과 역기능을 동시에 이해하고 있음은 곧 무속을 사회와 밀착시켜 살아있는 문화로서 이해하는 데에 기여한 것으로써 평가해야 할 것으로 본다. 종래 무속은 역사성이나 문화적 기층성만을 주로 강조해온 탓에 사회적이고 역사적인 변천 과정에 따른 기능의 변화상에 대해서는 본격적인 관심을 기울이지 못해왔다. 이를 고려할 때, 거암의 이 방면에 대한 연구는 무속의 사회적 기능에 대한 이해라는 점에서뿐만 아니라, 그러한 모습을 통해 무속이 민족문화의 중심에서 역동성과 지속성을 연면히 발휘해 온 문화임을 또 다른 관점에서 보여줬다는 점에서도 상당한 의의를 지닌다고 해야 할 듯하다.

이처럼 지속성과 변화성, 그리고 기능성 등 현재적 관점에서 무속 관념—혹은 기질 문제까지를 포함하여—에 접근하려는 관심은 그에 짝하여 사회학적 연구 방법의 원용이라는 새로운 접근 방법을 개척하는 결과를 낳았다는 점도 중요하다. 그것은 무속 관념의 파악을 위해 질문지법이라는, 단순한 조사 기법으로서의 사회학적 방법을 가져오는 정도에 그치는 것만은 아니다. 보다 근본적으로 그는 종래 막연하게 규정해 온 민속 혹은 그것과 관련된 개념들을 사회학적 관점에서 새로이 접근하고 규정하려는 노력부터 먼저 보여준다. 예컨대, 사회학자들이 중시하는 기질이나 습관 등의 개념을 거론하면서[20], 민속이 그런 것들의 바탕을 이루고 있음을 밝히고, 이로써 "민속을 통한 기질의 파악이 가능할 뿐만 아니라, 그것은 다른 어떤 방법을 통한 파악보다도 실질적인 것이라 할 수 있게 될 것이다."[21]라는 하나의 가설을 끌어내고 있음이 그것이다. 민속을 사회적 습관과, 관념을 가능케 하는 뿌리로 파악하고 있음은 그것의 의의를 사회학적 관점에서 좀 더 분명하게 이해하고자 한 것이라는 점에서 종전과는 좀 더 새로운 의의를 지닌다고 할 수 있다. 당시, 민속학 일반의 수준에서 사회학적 방법의 적용이 생소했던 상황이었음을 고려할 때 그 의의는 더욱 중요하다고 해야 할 듯하다. 개척기 단계 거암의 민속학 연구가 보여주는 새로운 모습의 또 다른 측면이 될 것이다.

그러나, 이러한 새로운 접근 방법에 의한 큰 연구 성과를 거뒀음에도 불구하고 이 무렵 거암의 민속학에는 하나의 불안정한 모습을 보여주고 있음이 발견된다. 평소 숙련된 평론식 접근 태도가 강하게 발휘되어 논제에 대하여 가치평가 의식을 자주 드러내 보이고 있고, 그것이 때로 민속에 대한 현재적 관점에서의 비판이 균형감을 잃을 정도로 강하게 가해지고 있는 점이다. 이 때문에 그의 글 곳곳에는 민속의 의미가 지나칠 정도로 현대적 관점에서 과소평가 되기도 하며, 민속의 의미가 부정, 혹은 폄하의 대상으로 다뤄지고 있는 경우까지 있어 민속재에 대하여 애써 달성한 분석과 고찰의 보람이 제대로 실현되지 못하고 있는 현상을 자주 보게 된다. 이는 거암이 훈련해 온 글쓰기 관습에서 주로 기인하는 결과라 해도, 결과적으로 민속이 민족문화의 중심이자 지속성을 지니는 것이라는 데까지는 인식이 나아갔지만, 그것을 민족문화와 민족의식의 기층적인 것으로 주목하는 정도로까지 심화되지는 못했음을 보여주는 것이라 할 수 있을 듯하다.

> 원시신앙의 잔재인 무속은 현시점에서 볼 때 사회발전의 저해 요소라 하지 않을 수 없다. 물론 그것이 고대사회에 있어서는 그들의 유일한 신앙으로서 그들이 생활을 영위하는 데 정신적 지주가 되어 주었던 것이지만 시대가 바뀌어 문화가 발전하고 문명이 발달된 오늘날에 있어서는 결코 그것을 그대로 전수해야 할 아무런 이유가 없는 것이다.
>
> 과거의 토속사상을 무조건 배척하고 그것을 모두 내버리려는 자세도 위험한 자세이지만 그렇다고 해서 그것을 그대로 이어받아야 할 필요도 없는 것이다. 이어받을 것은 받고, 고쳐 이어받아야 할 것은 과감하게 고쳐서 이어받는 데에 사회의 발전이 있는 것이기 때문이다.[22]

무속을 우리 문화의 원형질적 요소로 간주하려 하기보다 오히려 잔재 정도로 보려는 시각이 불식되지 못하고 있다. 이는 곧, 민속이 시대와 사회에 따른 변화의 실체이면서, 변화를 넘어 초시대적 지속성을 갖는 기층적 · 원형적인 것으로서 민족적 자기 정체성을 보유하고 함축한 것이라는 절실한 자각에까지는 이르지 못했음을 말해 주는 것이다. 그리고 이는 근본적으로 무속을 문헌 자료 중심으로 접근한 데에 따른 한계점이라고도 해야 할 것이다. 문헌 자료는 시대와 사회적으로 문제화되어 드러난 사실만을 주로 뽑아서 기록한 것이기에 그 본질적 실상을 보여주는 일상적인 국면이나 상황을 보고해 주는 자료까지 기대하기란 어려울 수밖에 없다. 문제점이나 사건 중심으로 기록된 자료를 다루다 보니 자연히 다루는 관찰 시야가 제한될 수밖에 없게 되고, 여기에 필자 자신의 비평적 안목을 거치는 과정에서 이러한 논조가 짙게 배어나게 되었을 것이다.

이렇게 볼 때 개척기 거암 민속학 연구의 약점 타개는 현지조사를 중시한 방향으로 나아가면서 민속을 민속답게 대하고 관찰·접근하는 방법이 필요했다고 할 수 있는데, 이런 방법은 이 시기의 후기에 들어오면서 점차 열리기 시작했다. 그로써, 간접 자료 중심의 연구에서 직접 자료를 중시하는 연구로의 변화를 이루었고, 이로써 자연히 개척기에 이은 심화·확장기로의 전환이 이루어지게 되었다.

6

연구의 심화 · 확장기

대략 1970년대 초가 기점이 되는 심화 · 확장기에 해당하는 거암 민속학의 두 방향은 공동체 민속신앙을 중심 과제로 하여 이루어졌다. 그리고 그것은 좀 더 구체적으로, 자료의 체계적 정리와 이해의 다각화, 일본과의 비교연구라는 두 가지 측면에서 주로 수행되었다. 그리고 이로써, 종래 소재 중심의 연구에서 문제의식을 중시하는 연구로, 그리고 산발적 연구에서 체계적 연구로의 질적 변화를 이룰 수 있게 되었다.

거암은 1970년대 초에 들어서면서 주력 관심을 무속 쪽에서 당제(즉 집단 민속신앙) 쪽으로 옮기면서 현지 조사에 토대를 둔, 성실한 사례 보고와 내용 분석에 역점을 두는 일련의 논문을 발표하였다. 그리고 이러한 방향에서의 업적을 축적해 나가면서 그는 '한국의 당제 연구'라는 큰 과제에의 도전을 감행하기에 이르렀고 그 성과가 바로 『한국의 촌제(韓國の村祭り)』이다. 일본에서의 박사학위논문(1981. 2.)이기도 한 이 책은 당제의 종합 정리를 꾀하

면서 비교연구의 가능성까지를 열어 보이고자 한 것이었다. 이에 따라 이 책에는 당시까지 축적되어 온 전국 당제 연구 및 보고 사례들이 망라·집약되어 있을 뿐만 아니라, 당제의 유형과 내용 및 구조 등 여러 측면이 종합적으로 다뤄지고 있다.[23] 예컨대, 크게 두 편으로 나뉘고 있는 이 책의 전체 내용을 볼 때, 당제의 유형과 사례를 주로 다룬 제1편에서는 당제가 명칭, 제당의 위치와 형태, 신체와 신격, 제의의 구조 등에 따라 구분되고 있고, 당제에 대한 분석 중심의 제2편에서는 사례 분석의 통계, 제의의 명칭과 제당, 신체와 신격, 구조와 기능, 한일 민속신앙의 기본 구조 비교 등 다각도에서의 고찰이 이루어지고 있다. 이 책의 성과를 당시 직강광치(直江廣治) 교수는 '비교민속학상의 대수확'이라는 제하에 다음과 같이 서술하고 있다.

일본 민속 조사(1976년)
왼쪽 두 번째 박계홍 교수, 오른쪽 끝 가메야마 교수

……(전략) 이러한 박교수가 그러한 학문적 축적을 결정적으로 정리한 것이 이 책이다. 그것은 한국의 촌락에서 촌민들에게 행해지는 촌제로서의 당제의 실태를 정밀하게 조사하여, 그 유형, 구조, 기능, 변형 등의 제 문제를 검토한 결과에 토대를 두고서 일본 촌제와의 비교에까지 이르고 있다 …(중략)… 저자가 제시하고 있는 한국 전역에 걸친 당제 자료는 그 자체로서도 매우 중요한 것이다. 한국에서도 지금까지 당제에 관한 연구가 적지 않게 발표되고 있으나, 이 책은 당제에 대해 처음으로 종합적이고 체계적인 파악을 시도한 점에서 주목해야 할 연구이다.[24]

이는 위 책의 전체적 특징을 비교적 정확히 언급, 평가하고 있다고 할 수 있다. 한 마디로 종래 단편적이고 부분론적 수준에서 이루어져 온 당제 연구가 전면적이고 종합적으로 다루어져 체계적으로 정리되고 깊이 있게 해석됨으로써 이 방면 연구의 수준을 한 차원 높였으며, 그로써 이 시기 거암 민속학 연구의 성과를 대표적으로 보여주는 결과가 바로 위 저서인 셈이다. 당제를 중심으로 한 그의 세부 문제들에 대한 심화된 연구는 이후에도 계속되어 나갔고, 그로써 당제는 거암 민속학 연구를 대표하는 분야라고까지 할 수 있게 되었다.

이 시기의 두 번째 연구 성과는 '한 · 일 민속 비교'를 통해 나타났다. 그가 이러한 연구에 착수할 수 있었던 것은 '한일 공동민속 조사단'[25]의 일원으로 일본 민속 답사에 참여하게 되면서부터였다. 한국 측에서는 임동권이 중심이 된 위 조사단의 일차 조사가 실시됐던 1974년 처음 일본민속 현지답사에 참여한 것을 계기로 일본민속을 접할 기회를 마련한 거암은, 계속하여 1976년의 답사에도 참여하였으며, 이어 역시 임동권 교수의 도움으로 1977년에는 쯔꾸바대학에 일 년간 유학까지 하는 열성을 보여주기도 하였다. 그리고 그의 평생지기라 할 수 있는 가메야마(亀山) 교수를 만난 것도 바로 이때의 조사를 통해서였다. 당시 이러한 일련의 계기를 통한 일본민속과의 접촉은 자연히 한 · 일 민속 비교연구라는 또 다른 연구 영역을 성립시켰다. 그는 이 방면의 논문을 1975년의 「한일민속

부교수 시절(1979년)

의 비교 고찰-일본 묘제고(墓制考)-」로부터 착수한 이래, 1985년까지 모두 8편의 논문[26]을 발표하였는데, 관심의 주안은 당제에 두어져 있었다. 이미 그가 일본민속 답사에 참여할 때부터 학위를 받기까지 주된 관심 분야가 당제였기 때문에, 학위 논문을 지향하면서 그것의 심화된 이해를 추구하는 과정에서 자연히 비교 연구의 성과도 이쪽 방면에서 이루어졌던 것이다. 그런 점으로 하여 그의 이 방면 연구는 박사 학위 논문에 긴요한 한 장으로 수용되기도 하였다. 그렇게 볼 때 비교 연구를 통한 거암 민속학 연구의 심화 확장은 곧 당제 연구의 심화 과정과 병행된 것이라는 특징을 보여주고 있다고 하겠다. 이러한 연구 성과를 모아 1984년에 『비교민속학(比較民俗學)』을 단행본으로 간행하고 있는 데에서도, 그리고 위 저서 간행 이후에도 「한·일 어로신앙(漁撈信仰)의 기본구조에 대한 비교고찰」,[27] 「비교민속학의 관점(比較民俗學の觀點)-한국 제장의 표식을 중심으로(韓國祭場の標識を中心に)-」[28]와 같은 논문을 계속 발표하고 있음에서도, 그의 이 방면에 대한 관심이 지속적이었음을 확인할 수 있다. 그가 뜻하지 않은 사고로 타계하기 직전에도 또 한 차례의 일본민속 조사에 착수하려 했던 사실까지를 유의한다면, 거시적으로 볼 때 비교 연구 방면에서의 거암의 민속 연구는 일정한 성취를 이루었음과 동시에, 새로운 단계로의 도약이 좌절된 모습을 함께 보여준다고 할 수 있을 것이다.

7

중간 결산 및 정리기

거암의 민속학 연구의 정점에 『한국의 촌제(韓國の村祭り)』가 위치해 있고, 이 높은 봉우리를 고비로 하여 그의 민속학 연구 경향은 변화를 보여준다. 이 큰 과제를 수행하면서 제기된 작은 문제들을 더 깊이 파 내려가고 보완하는 작업을 계속하는 일면, 민속학개론서를 저술하고 민속의 세계와 가치를 일반인에게 알리는 논설류의 글들을 활발히 발표해 나갔던 일이 그것이다. 새로운 과제의 탐구에 주력하기보다 이제까지 연구해 온 결과를 중간 결산 삼아 정리하고, 비슷한 관점에서 민속에 대한 일반인의 이해를 돕는 계몽적인 글을 여러 지면에 활발히 발표했던 이 무렵은 거암의 생애로 보아 또 다른 단계를 이루며, 이 시기를 '정리기'로 이해할 수 있다.

그는 82년 학위논문의 단행본 출간이 이루어진 것과 동시에 민속학개론서의 저술에 착수하여 일 년여의 단기간에 『한국민속학개론(韓國民俗學概論)』[29]을 출간해 낸다. 저자의 필력을 잘 보여준이 저서는 무엇보다도 이 방면에서 두 번째로 나온 본격 개론서류이면서 최초의 단독 저술이라는 점에서 획기적인 것으로 꼽아야 할 것이다. 그리고 이로써 우선 앞선 저서가 지닌 체계성과 일관성의 미비점을 많이 보완하는 진전을 이룰 수 있게 되었다. 더하여, 이 저서는 내용상 지나친 축약 서술을 지향하는 데에서 수반될 수밖에 없었던 소략성을 극복하여 분야마다 자세한 서술을 기하고 있음을 또 하나의 개선점으로 들 수 있다. 그리고 앞선 개론서가 담지 못한, 그 이후의 분야별 연구 성과들을 널리 수용하고 있는 점을 또 다른 진전된 결과로 꼽을 수 있다. 더불어, 이 개론서는 일본의 민속학 연구가 보여준 새로운 방법론을 도입 · 소개하려는 데에도 일정한 관심을 보여주고 있음도 볼 수 있다. 이점 또한 종래의 개론서에서 볼 수 없었던 새로운 시도로서 주목하고 평가할 필요가 있다고 이해된다. 이 책은 87년에 일차 증보가 가해졌지만, 그러나 아직 체제가 완비된 것은 아니었다. 비록 미비점도 적잖게 안고 있다고 해도,[30] 이 저서는 위와 같은 점들로 하여 그 후 또 다른 개론서들이 추가된 이후까지도 그 나름의 독자적인 위치를 유지해 왔다.

이 시기를 전후하여, 그가 보이지 않는 속에서 실현한, 그러나 그의 생애사에서 볼 때 과소평가할 수 없는 분야가 있다. 민속과 관련한 대중 계몽성의 글을 많이 발표함으로써 이룩한 공헌이 그것이다. 이 시기 이전에도 그는 타의에서이든 혹은 자의로서든 우리의 민속문화, 특히 충청민속의 존재와 전승 현장을 널리 소개하고 이해시키기 위한 글을 많이 발표하였다. 그 결과 그는 논설류의 글만 160여 편을 남겼고, 이 점은 동시대 민속학자 가운데 한

이채로운 특징을 보여준다고 할 만하다.[31] 일정한 독자들의 수요가 거기에 어울리는 글을 요구하는 것이라면, 결국 위와 같은 현상은 그의 시대에 민속에 대한 계몽의 필요성이 여전히 높았음을 뜻하는 것이기도 하다. 그는 이러한 사회적 요구를 굳이 외면하지 않았다. 오히려 이 방면에서의 활동을 자신의 한 임무로 받아들인 측면도 있었다고 여겨진다. 논설체의 글에 능하고 민속의 현지 조사에 부지런했던 그는 어느 면에서 이런 임무를 수행하는 데에 가장 적임자였다고도 할 수 있을 듯하다.

그런데, 이 무렵의 그가 이들 부류의 글을 대하는 시각에는 이전에 비하여 변화를 보여주고 있다. 단순한 사례 보고성에서 더 나아가 민속의 일반적 현상들에 대하여 좀 더 깊이 있고 잘 다듬어진 수준에서의 글쓰기를 실현해 보이고 있다는 점이 그것이다. 그로써, 다루는 주제들의 비중이 더 높아지고 있으며, 그에 따라 글이 지니는 대중성도 좀 더 높아질 수 있었다고 할 수 있다. 이에 더하여, 종래 민속에 대한 가치 중립적인, 혹은 부분적으로는 부정적이기까지 하던 민속 이해의 시각이 긍정적인 방향으로 선회하고 있을 뿐만 아니라, 적극적 옹호론자로 변모된 모습을 잘 보여주고 있다는 사실도 중요하다.

> 민속문화는 민족의 삶을 가장 편하고 안전하게 하여 준 문화이다. 그렇기 때문에 그것은 민중의 기지(支持)와 공명(共鳴) 속에서 오늘에 이르기까지 이어질 수 있었다 …(중략)… 전승적(傳承的)인 것은 비과학적이요 불합리한 것이라 단정하고 그것을 부정하는 사람들이 적지 않다. 그래서 그들은 옛것이라면 모두가 보잘것없는 것, 쓸데없는 것, 허무맹랑한 것, 하루속히 떨쳐 버려야 할 것으로 생각한다. 그러나 전승적인 것이라 하여 그것이 모두가 비과학적이고 불합리한 것은 절대로 아니다. 특히 민속문화는 우리 조상들이

오랜 생활 경험을 통하여 터득한 삶의 지혜요 기술이다 …(중략)… 오늘날의 학문 수준이 미처 민속문화의 발생 · 변형 · 변질의 원인과 배경을 제대로 밝혀낼 수 있는 단계에 이르지 못하고 있을 뿐이다 …(중략)… 많은 민속문화를 좀 더 널리 모으고 보다 면밀히 파헤쳐 보면 거기에는 우리들이 미처 생각하지 못한 새로운 삶의 지혜와 방법이 숨겨져 있음을 쉽게 알 수 있다. 그러한 삶의 지혜와 방법을 밝혀내고 그것을 날로 메말라가는 현대생활에 조화시켜 현대인의 삶을 보다 풍요롭게 하는 일, 그것은 우리들이 이룩해야 할 중요하고도 시급한 과제가 아닐 수 없다.[32]

위 짧은 글에는 민속의 본질과 민속학의 과제에 대한 거암의 안목이 압축적으로 제시되어 있다고 할 만하다. 민속학이 도달해야 할 미래의 이상까지가 전망되고 있는 것이어서 글은 간명하지만 그 의미는 자못 깊다. 민속, 민속학, 민속학자의 위상과 과제를 이처럼 간결하게 집약해 보이고 있는 데에서 우리는 앞에서 보았던 초기 단계에 비해 훨씬 진전된, 민속에 대한 거암의 인식 수준을 대하게 된다. 그것은 25년 여의 거암의 민속학 연구사를 통하여 자득으로 우러난 것이라 해도 좋을 것이다.

생애 후반기에 이르면서 거암은 이러한 성숙된 인식 위에서 대중성 있는 논설류의 글을 많이 발표했고, 이들 글 가운데 선별 정리하여 단행본으로 정리된 것이 유저(遺著) 『우리민속의 맥락과 현실의식』이다.[33] 충청민속을 소개한 부면, 우리 민속의 맥락을 짚어 보이며 의미 이해를 돕고 있는 부면, 민속의 개

미국 연수(1988년)

발 · 보존 · 전승과 관련된 문제를 다룬 부면으로 구성된 이 책의 내용상의 범위는 곧 거암이 지속적으로 발표해 왔던 계몽성을 지닌 논설류 글들의 전체 범위와 대략 일치하는 것이기도 하다. 따라서, 우리는 오히려 이들 글을 통해 민속 일반에 대한 저자의 일상적이면서 솔직한 인식 시각을 널리 대할 수 있게 되며, 바로 그 점을 중시하여 이 저서의 의의를 평가해야 할 것으로 본다. 민속을 해석하는 지혜 어린 안목, 민속재를 소중히 여기는 따뜻한 애정, 그리고 때로는 현실 문제에 대한 엄혹한 비판에 이르기까지, 저자가 민속 연구에 종사해 오면서 다져온 의식 세계의 여러 측면이 고루 함축되어 있는 것이 위 유저이고, 그런 점에서 위 책은 일반인의 민속 이해 수준을 높이고 계몽하고자 애쓴 그의 민속 연구의 일면을 파악하는 데에 빠뜨릴 수 없는 위치를 지닌다고 할 수 있다. 그리고 이러한 저서가 그 자신의 학문적 생애를 마무리하는 위치에 서 있다는 것도 우연한 일만은 아닐 듯하다. 이 외에도, 그는 비슷한 시기인 1987년에 『한국인의 전통의례』를 간행한 바 있다. 그러나 그 성격은 일반인에게 교양을 제공하려는 것이었기에 학문적 의미보다는, 같은 시기 교양적 기능의 실현이라는 각도에서 그 의의가 평가되어야 할 것으로 본다.

8

나오는 말

간단하지만 이상에서 논의한 것을 정리하면 거암의 생애와 학문의 윤곽이 대략 파악될 수 있을 듯하다. 거암의 성장 과정과 취향을 볼 때, 그가 처음 학문의 길을 걷게 된 데에는 은사의 따뜻한 격려와 자극을 받았던 점과, 직장 여건이 영향을 준 요인이 컸다고 할 수 있다.

그러나 당시 그가 처한 불리한 여건으로 하여 민속학의 세계로 진입하기까지는 상당 기간의 암중모색을 거쳐야만 했다. 그 때문에 거암이 민속학에 뜻을 다지고, 연구 방향을 설정하여, 일관된 노력을 기울여 성과를 거두기까지, 거암이 걸었던 학문의 길은 자기 모색과 노력의 소산이었다. 그와 동시대 민속학자들이 거의 다 그러했지만, 민속학의 뿌리가 없는 국문학과 내에서, 의지하고 지도받을 만한 지도 교수도 없는 데에다 진로마저 불투명한 상황에서 스스로 판단하여 민속학의 길을 가야 했기에 그가 걸어온 길은 더욱 모험적인 것이었다고 할 수 있다. 그러나 바로 그러한 모험을 감행했던 데에서 거암은 개척기 무렵에서부터 여러 분야에서 상당한 독자적인 업적을 달성할 수 있었으며, 동시대 다른 민속학자가 보여주지 못한 새로운 방법론을 도입하는 성과까지 이룰 수 있게 되었다.

이후 민속학이 문학에 종속되어야 한다는 통념 속에서도, 거암은 좀 더 제한된 대상에 대한 집중적인 연구로 민속학 연구를 심화시켜 나갔으며, 종전과는 달리 현장조사 중심으로 연구가 이루어짐으로써 그의 연구 성과는 더욱 민속학의 본질에 가까워지고 성숙될 수 있게 되었다. 그리하여 자연히 그의 위치는 종전의 모험가에서 개척자로 전환되었고, 그러한 자부심으로 집중적인 연구를 추구하여 한국의 마을 공동신앙 분야를 중심으로 자신의 연구 세계를 우뚝하게 이루어 놓았다. 오늘날 마을 공동신앙 연구가 심화될 수 있게 되고, 그로써 민속학의 위상을 스스로 다지는 데에 거암은 한국민속학사에서 분명한 자기 역할을 성실하게 수행한 셈이다. 그리고 더 나아가 자연스럽게 그러한 성숙된 학문적 결실을 거두어 정리하는 데에도 업적을 남겼고, 그에 비례하여 일반인에 대한 민속 알리기에도 점점 더 깊은 관심을 보여 수많은 계몽성의 글을 발표하였다. 그의 이러한 학자로서의 생애와 연구 활동이 시종 외로운 자기 모색과 모험 속에서 이루어진 것이기에 우리 민속학사에서 차지하는 거암 민속학의 위치가 더욱 돋보인다고 해야만 할 것으로 본다.

거암은 짧은 생애를 살았지만 학자로서 할 일을 거의 다 수행했다고 할 수 있는 셈이다. 다만 그의 생애 마지막 단계가 정리기였음과 함께 재도약 시도기이기도 했으므로, 큰 업적을 남겼지만 그것은 얼마간 미완의 결실이었다는 사실을 다시 유의하면서 논의를 마무리할 수밖에 없다. 당제 연구에 몰두하는 속에서도 그는 일본의 통과의례에 대한 관심을 보여 「일본인의 통과의례」를 『비교민속학』 말미에 번역 수록하고 있다. 또 다른 비교 연구의 의욕을 보여준 것이다. 그러나 거암은 이 과제를 포함하여 더 넓은 비교 연구를 구상하고 실천하려던 직전에 뜻이 좌절되고 말았다. 그의 '재도약 모색기'를 가능성의 장으로만 남긴 채 '정리기'로 대신하여 마무리해야 하는 안타까운 이유이다.

거암은 평소 한 · 일 민속 비교연구를 말하는 일면, 한 · 중 사이의 비교 연구가 더 큰 과제가 되어야 한다는 말을 자못 무거운 어조로 말했던 사실을 필자는 생생히 기억하고 있다. 그로부터 상당한 세월이 지난 지금, 거암이 생존해 계신다면 아마 한 · 일 관계의 비교에만 머물지 않고 지금쯤은 분명히 한 · 중 비교, 혹은 한국과 아시아 일대의 비교 연구로 훨씬 더 나아가 있을 것이다. 그리고 한 · 중 사이의 비교 연구에서 그의 일차적인 비교 대상은 무엇보다도 민속신앙이 중심이 되었을 것으로 필자는 상상해 본다.

충남대학교 설립 70주년을 회고하고 충남대학교가 배출한 민속학자 거암의 위상과 학문적 업적의 의의를 가늠해 보면서, 거암은 충남대학교의 역대 어느 교수 못지않게 자기 주도적이고 개척자적인 길을 걸어온 인물이었음을 끝으로 강조하고 싶다. 앞에서 이미 말했듯, 거암 학문의 첫걸음이 지도 교수의 지도나 누구로부터의 영향을 받은 바 없이 혼자서 고뇌하며 모색하고 스스로 타개한 결과였다. 그렇게 출발했음에도 30대 중반에 거암은 한국 역사민속 연구에 뚜렷한 업적으로 꼽힐 결실을 거두었다. 나아가, 그에 이어 현지조사를 중시하는 연구 분야를 개척함으로써 한국의 당제(堂祭)를 최초로 종합한, 역시 그 방면의 대표적인 연구 업적을 이루어 국제적인 시각에서 크게 조명을 받은 바 있다. 또한 그 후에는 한 · 일 민속의 비교 연구에 주력하여 비교민속학을 개척하는 데에도 남보다 앞선 실적을 성취해 냈다.

이처럼, 거암이 걸어온 민속 연구의 역정은 처음부터 모색이고 모험이고 도전이었으며, 각 단계마다 그에 부응하는 선도적인 업적을 이루어 학계로부터 주목을 받곤 하였다. 그만큼 거암은 늘 실천을 앞세우고 주체적인 활동을 중시한 활동적인 학자요 교수였다. 그리고 그런 태도를 늘 교육 현장에서도 강조하였으며, 가르치고 지시한 것만을 잘 수행해 내기보다 자율성을 존중하는 가운데 주도적이고 탐구적인 자세로 매사에 임하는 공부 자세를 중시하고자 했다. 거암으로부터 가르침을 받은 사람의 하나로서 필자가 늘 명심해 온 큰 교훈도 바로 그러한 주체적이고 자기 주도적인 연구 자세였다.

거암 어록

“전승문화는 겹싸인 생활의 지혜다”

“우리 민족의 깊고 굵은 대부분의 뿌리는 넓고 푸른 천상에 그 근원을 두고 있다”

“세시풍속은 생산력에 따라 주기적으로 반복되는 삶의 ‘리듬’이나 ‘액센트’라 할 수 있다”

“충청도는 자연 여건이 순조로운 만큼 문물도 알맞고, 그래서 극단적이거나 과격한 것을 꺼리고 화해롭고 조화로운 삶을 좇는 태도, 곧 화합과 중용의 성품이 만들어졌을 것이다.”

지리산에서(1970. 1.)

부여고등학교 재학 시절(1950년대)

충남대학교 대학원 동문회 창립 총회
(1965. 6. 13., 뒷줄 오른쪽에서 네 번째)

가족과 함께(1975년)

충남대학교 도서관 사무실에서(1960년대 후반)

미국 연수(1988. 2.)

'한밭정신의 뿌리 찾기'에 새긴 열정 -해암(海巖) 서해길(徐海吉) 박사의 시민리더스피릿

서해길

글 · 송석랑

1937 - 2001

들어가며

이 글은 지역발전의 정서적 토대축적의 필요를 환기하려는 의도의 일환으로 작성된 것으로서, 대전–충청지역의 발전에 기여했던 해암(海巖) 서해길(徐海吉) 박사의 시민리더스피릿에 관한 내용을 담고 있다.

해암은 분열과 대립으로 소란한 다중의 시대가 요하는 시민리더스피릿의 한 전형을 지역사회 활동을 통해 보여주었던 인물이다. 중용(中庸)의 가치 실현을 임중도원(任重道遠)의 책무로 삼은 자강불식(自强不息)의 실천정신을 통해 사회의 숱한 갈등을 돌파할 것을 역설했던 그의 노력은 철학을 공부하며 가르치는 연구와 교육의 현장에서 끓은 후, 평범한 대학교수이자 시민의 일원으로 대전–충청지역의 발전에 열정을 쏟았던 시간을 통해 폭발했다. 이 글은 중용의 가치를 실현하기 위해 취한 자강불식과 임중도원의 정신에서 발현되었던 해암의 교육과 연구의 삶을 짚어본 후, 지역사회의 발전에 기여했던 그의 시민리더스피릿의 귀감적 의의를 조명했다.

서해길

1

중용의 시민리더스피릿

해암 서해길(1937-2001)[1] 박사는 분열과 대립으로 소란한 다중(多衆)의 시대가 요하는 시민리더스피릿의 한 전형을 지역사회 활동을 통해 보여주었던 인물이다. 중용(中庸)의 가치 실현을 임중도원(任重道遠)의 책무로 삼은 자강불식(自强不息)의 실천정신을 통해 사회의 숱한 갈등을 돌파할 것을 역설했던 그의 노력은 철학을 공부하며 가르치는 연구와 교육의 현장에서 준비된 후, 평범한 대학교수이자 시민의 일원으로 대전-충청지역의 발전에 열정을 쏟았던 시간을 통해 폭발했다. 이 글은 지역발전의 정서적 토대축적의 필요를 환기하려는 의도의 일환으로 작성된 것으로서, 중용의 가치를 실현하기위해 취한 자강불식과 임중도원의 정신에서 발현되었던 해암의 교육과 연구의 삶을 짚어본 후, 대전-충청지역사회의 발전에 기여했던 그의 시민리더스피릿을 조명하려 한다.

이미 고인이 된지 20여 년의 세월이 지났지만, 해암에 대한 전기적 평가의 기록은 아직 없다. 이는 물론 그의 삶이 세간의 사람들에게 회자될 정도의 화려한 행적을 보이지 못했기 때문일 것이다. 성실하고 치열했지만 여느 교수의 일상이 그러하듯 교육자로서의 삶은 차분했으며, 연구자로서의 삶도 그러했다. 차라리 평범한 삶을 살았던 해암이 자신이 살았던 대전-충청지역에 남긴 자취의 의미를 이야기하려는 시도는 자칫 무차별적 환원의 위험에 직면할 수 있다. '중용'의 가치를 역설하며 실현키 위해 취한 '자강불식'과 '임중도원'의 실천 태도가 많은 사람들에게, 특히 교육자에게는 당위의 덕목일 수 있다는 점을 고려하면, 해암의 삶에 대한 이야기 역시 그 당위의 덕목으로 환원 종속되어 사실은 누구에게나 해당 가능한, 따라서 익명의 자취를 가리키는 정도에 그칠 수 있기 때문이다.

해암 흉상 · 조각가 김석우 교수 作

그러나 각별한 의미는 늘 평범한 삶에 깃들어 있다. 해암의 경우도 그러한데, 지역 국립대학교의 교수로서, 그리고 한 시민으로서 살아간 그의 삶에는 오늘을 사는 우리에게, 오히려 평범하기에 가능했던 각별한 의미가 있다: "말 위의 황제처럼" 역사를 끌고 가는 어떤 비범한 거인에 대한 믿음의 허구성을 깨달은 현대의 우리가 요하는 새로운 주체의 리더스피릿, 무엇보다도 분열과 대립의 갈등을 일상의 건강한 삶을 통해 이겨낼 조화의 원리를 중용의 도로써 취하며, 더 나은 사회를 꿈꾸는 주체의 리더스피릿이 있다.

2

열암 박종홍과의 인연과 중용의 도

당대의 이론들이 가리키는 '더 나은 세상'을 향한 변화의 동력은 일상을 살아가는 평범한 시민이되, 일상의 진부한 타성을 떨쳐낸 시민의 사회적 실천이다. 그런 의미에서 일상의 뜻깊은 사건으로 수행된 해암의 교육적 사회적 실천의 행적은 철지난 거대 정치서사의 거인을 대체할 일상의 시민에게 요구되는 정신이 무엇인지를 읽을 수 있는 하나의 사례가 될 수 있다. 이 경우 중요한 것은 예사로운 한 인물의 삶 속에서 끓었던, 그러나 외부, 즉 타인과 사회를 향했던 각별한 열정의 고유한 계기와 실천을 보는 것이다.

문제는 한 인물의 생애에 대한 환원적 평가의 우(愚), 달리 말해 과거의 행적을 어떤 당위의 덕목으로 낭만화 하는 무차별성의 오류를 피할 방도다. 최선의 방도는 에세이나 논문 혹은 연구보고서로 남긴 해암의 글과 지역신문 등의 매체를 통해 기록된 행적에 들어있을, 그리고 주변사람들의 기억과 증언 등이 가리키는 그 열정의 계기와 실천을 그만의 삶에 대한 객관적 이력고찰의 수준에서 짚어내는 일일 것이다. 쉽지 않은 일이지만, 그것들에 대한 접근의 주관적 태도를 차단한다면, 그리고 이해관계에 얽힌 사적 평가의 감정으로부터 거리를 둔다면, 우리는 해암이 "한밭정신의 뿌리와 창조"라는 화두를 던지며 지역사회의 새 발전 동력을 〈"오래된새로움"의 차원에서 드러낸 중용〉의 가치로서 역설하며 빚어낸 당대의 시민리더스피릿을 만날 수 있을 것이다.

약혼기념 사진(1967년)

박사학위 수여식 가족사진(1977년)

해암은 1937년 충남 공주군 장기면 하봉리[2]에서 이천 서씨(利川徐氏) 서진호(徐鎭鎬)와 경주(慶州) 김씨(金氏) 김정애(金正愛)의 7남 2녀 중 장남으로 출생했다. 공립 공주고등학교를 졸업하기까지 고향에서 유소년 시기를 보냈으며, 졸업 후에는 인근의 대전에 있는 국립 충남대학교에 입학해 철학을 전공, 1964년 문학사과정을 마쳤다. 이후 대학원에 진학해 문학석사와 철학박사학위를 차례로 취득하면서 철학을 전문적으로 공부하고 가르치는 일을 평생의 업으로 삼는다. 연구와 교육으로 점철된 삶을 살면서 해암이 가장 중요한 가치로 두었던 것은 '중용'이었다. 임중도원의 책임의식과 자강불식의 자기 독려를 좌우명으로 삼아 되새겼던 것도 중용의 가치를 실현하려는 의지의 발로였다. 중용은 그가 교육의 현장은 물론 그가 살았던 대전충청지역의 발전에 기여할 수 있었던 힘의 원천이었다. 해암의 좌우명으로서 고유한 삶의 형식을 빚을 수 있게 해주었던 중용의 도는 물론 그의 철학에 대한 남다른 열정과 오랜 공부의 시간을 통해 취해진 것이지만, 그 계기가 된 것은 열암(洌巖) 박종홍[3] 과의 만남이었다.

이에 대해 훗날 해암은 자신이 쓴 한 책에서 열암을 두고 "내 인생의 길잡이가 되시고 감화를 주신 분"으로 회고하며 이렇게 쓰고 있다. "학문적으로는 석사논문「하이데거의 '기분'(Stimmung)과 '역운'(Geschick)」의 작성을 지도해 주신 스승이시고, 개인적으로 결혼 주례를 서 주셔서 자식 삼형제를 두게 해주신 은인이기도 하다."[4]

그리고 같은 책에서 해암은 학문적 인연을 통해 열암에서 깨달은 것이 현실과 이상을 아우르는 조화의 가치였음을 다음의 진술로 표현했다. 즉, 현실적 태도와 이상적 태도의 "합일을 모색하며 현실의 구체적 파악을 논한 것은 열암 선생님이 세운 철학의 금자탑이다."[5] 실제로 열암은 "우리 철학계에서 한국철학사 강의를 처음 개설하는 등 우리 민족의 정신적 독자성을 발견하는 데 누구보다 열심이었으며, 한국사상의 주체성을 중시하고 그 정립을 위하여 학구적인 노력을 기울였다."[7] 우리의 불교사상과 유학사상을 꿰뚫으며 서구의 근대사상과 잇는 그의 철학적 행보는 현실과 이상의 조화를 찾으려는 데 있었다.

교육대학원장 시절(1990년대 중반)

해암이 학자와 교육자로서 살았던 시기는 식민의 난세를 거쳤던 열암과 달리 한국전쟁 이후 근대화의 완수를 위해 매진하던 20세기 후반이었다, 하지만 그는 이 시기의 상당부분(70-80년대)을 열암과 함께 살면서 전통의 가치가 근대화에 수반한 서구적 가치와 충돌하는 과도기의 경험을 공유한다. 열암은 이 충돌을 현실과 이상의 조화로써 해소하려 했으며, 그 길의 가장 근원적인 방도를 철학에서 찾았다. 이 시도는 그러나 어느 한쪽이 아니라 양자, 즉 한국의 철학과 서양의 철학의 종합을 통해 이루어졌다. 그러니까 열암의 시도는 한국과 서양의 철학을 종합해 우리가 직면했던 현실의 이익과 이상의 가치가 빚는 갈등을 해소하며 근대화를 수행하는 길이었다. 우리 한국을 비롯한 "당대 동아시아 지식인들의 공통된 문제의식의 심화"[8] 차원에서 수행된 이 시도는 서양의 물질문화에 대해 정신적 이상의 가치가 갖는 의의를 '한국의 철학'과 '서양의 철학'의 종합을 통해 재조명, 더 나은 개인의 삶과 더 나은 사회를 실현하려는 신념의 표출이었을 것이다.

해암은 현실과 이상의 조화를 위해 열암이 취한 한국철학과 서양철학의 종합의 태도를 중용의 가치로 수렴해 임중도원의 과제로 삼았다. 실제로 그는 가까이 지냈던 사람들의 기억에 따르면 중용의 도를 이르며 종종 논어(論語)의 다음 구절을 암송하듯 이야기하는 버릇이 있을 정도로 임중도원을 평생의 화두로 취해 산 인물이었다. "맡겨진 책임이 무거운데 이를 수행할 길은 멀다. 선비는 도량이 넓고 의지가 굳지 않으면 안 되니, 임무는 막중하고, 죽은 뒤에야 그만둘 것이니 갈 길은 멀다." 중용의 실현을 자기 임무로 삼은 해암에게 그 또한 막중하고 먼 길이었을 것이다. 말이 중용이지, "지나치거나 모자람이 없이 도리에 맞는 것이 중(中)이며, 평상적이고 불변적인 것이 용(庸)"[8]이라는 점을 고려하면, 평범한 삶이 감당하기 벅찬 삶의 지표이기 때문이다. 이 사실에 대한 자신의 심정을 해암은 중용의 사상을 추구하는 삶에도 해당할 열암의 다음 말을 빌려 이렇게 진술한 바 있다. "저마다 자기 분야에서 피땀 흘려 일하라. 인생이란 하나의 고투요 창조를 위한 기다림의 과정이다. (박종홍 전집 276쪽)"[9]

일상의 평범한 삶에 든 위대함의 모습을 가리키는 말이지만, 아무래도 취하기가 쉽지 않을 중용의 덕이 해암에게 이처럼 각별했던 까닭은 아마도 인간의 길(진리와 가치)을 좇았던 철학자이자 대학에서 그것을 가르쳤던 교육자였기 때문일 것이다. 그가 자강불식("스스로 강해지려 쉬지 않고 노력한다")의 남다른 각오로 실천하려했던 임중도원의 정신은 중용의 가치를 부단히 좇는 삶의 형식으로 수렴된다. 2001년 10월 지병으로 64년의 생애를 마치기까지 해암에의 '삶의 형식'을 결정지은 임중도원의 책무와 자강불식의 열정은 실존의 강령이 되어 이후로 지속된다. 그 열정은 우선 철학자와 교육자로서의 삶에서 스칼라십과 교육리더스피릿으로 조용히 끓었다. 그리고 지역사회의 한 시민으로서 사회발전에 적극적으로 참여하는 시민리더스피릿으로 폭발한다.

3

철학-교육자의 삶에서 끓었던 중용의 가치

독일 통일 후 베를린
브란덴부르크 문 방문(1990년)

열암의 사상에 심취한 해암은 대전과 서울을 오가며 서울대학교에 재직했던 열암의 강의를 청강, 그를 통해 독일의 현대철학자 하이데거(M. Heidegger, 1889-1976)를 공부했다. 훗날 그의 회고에 따르면 "박종홍 선생님은 서구의 문물이 일본을 통해 홍수처럼 밀려오던 시기에 서구철학의 사조를 우리 한국철학에 접목시킨 분이다. 특히 하이데거의 지평에 대한 선생님의 논문은 당시 일본의 학자들을 놀라게 한 논문이었다."[10] 1966년 해암은 비록 타교생이었지만 하이데거에 정통한 열암의 가르침에 힘입어 하이데거 연구로 충남대학교에서 문학석사 학위를 취득했다. 현실과 이상의 조화에 대한 관심은 서양의 철학을 공부하던 그에게 한국과 동양의 철학이 말하는 '중용의 도'를 하이데거의 존재론에 접목한 계기가 된다.

현실과 이상의 조화를 우리 한국의 주체성을 기반으로 한 동서조화의 정신을 통해 찾으려 했던 열암으로부터 중용의 중요성을 깨달은 해암은 중용의 도를 평생의 철학 연구와 교육의 과업으로 삼았다. 중용사상의 현대적 의의와 의미를 해암의 자리에서 바라다보면 다음과 같이 설명할 수 있을 것이다. 즉, '종래의 객관적 태도나, 주관적 태도는 이상과 현실의 괴리로 인한 추상성을 떨쳐버리지 못한다. 세상의 진리는 단순한 객관적 세계에만 있는 것도 아니고, 또 순전한 주관적 세계에만 있는 것도 아니며, 그것은 어디까지나 중용에 있는 것이기 때문이다.' 해암이 하이데거를 통해 읽어내려 한 것도 사실은 일찍이 열암이 역설했던 현실을 위한 조화의 가치와 통하는 이 중용의 가치였다.

해암이 하이데거 철학에서 몰두한 것은 무엇보다 '장소(place)의 사유'였다. "이상을 생각하면서도 현실을 중요시 하는 생각 속에 들어 있는 향내(向內)적 주관의 태도와 향외(向外)적 객관의 파악을 지양할 수 있는 주객합일의 태도 모색"을 통한 현실의 구체적 파악을 역설한 열암의 사유방식을 적극적으로 받아들인 해암은[11] 그것을 하이데거의 존재론적 장소론과 연계해 천착하려 했다. 이 "존재의 장소론적 사유는 서양의 사람들이 있다(이다)를 말할 때 본래 무엇을 의미하는지를 묻는다. 장소론적인 사유는 우리가 한 특정한 자리에서 우리자신을 진리의 사건에로 맞추어 끼어 넣음에 대하여 숙고한다. 그것은 고유함을 유일하게 참인 것으로 제시하지 않고 계속되는 논의에 자신을 내 맡긴다."[12] 우리 인간은 자신이 처한 삶의 장소 내지 지평에서 부단히 존재의 의미로 초월하며 '향내적' 주관과 '향외적' 객관을 넘어서는 중용의 진리를 생산한다. 해암은 하이데거가 '세계의 의미가 진리로써 열리는 시간과 공간', 즉 "거기"(da)에 거주하는 인간의 모습인 "현존재(Da-sein)의 개시(Erschlossenheit)" 혹은 "거기"에서 일어나는 "진리의 사건"(Ereignis)을 통해 펼친[13] 이 장소론적 초월의 규명과 전용을 학문의 길로 삼으며, 평생 그것을 중용의 진리실현을 위한 임중도원의 길이라 확신했다.[14]

40세가 되던 해인 1977년, 해암은 역시 하이데거의 존재론에 대한 연구논문으로 모교인 충남대학교에서 철학박사학위를 받고, 같은 해에 곧바로 충남대학교 문과대학 철학과 교수로 임용된다. 그리고 교수 임용 이듬해인 1978년부터 1980년 까지 2년 동안 뮌헨대학과 하이델베르그 대학에 연구교수로 파견되어 독일에 머무르며 공부했다, 귀국 후 다시 충남대학교 철학과 교수로 25년 간 근무하며 하이데거의 존재론을 통해 중용의 가치를 연구하려 기획했으며, 실제로 충남대학교 철학과의 교수로 임용된 이후 그가 남긴 저서들, 즉『시간의 지평』(문음사, 1983),『삶의 지평』(이문사, 1985),『존재의 지평』(세종문화사, 1996)과 논문들, 즉「칸트의 인식론에 있어서 자의식의 문제」(1991)「후설과 하이데거에서 시간의 문제」(1987),「하이데거의 존재이해를 위한 존재론적 제 문제」(1992),「새천년을 향한 공주의 정신과 문화 창달」(2000, 공저),「백제의 종교와 사상」(1994, 충청남도) 등의 곳곳에 은밀히 배어있다. 특히 논문「존재와 존재자의 존재론적 이해」(1987)에서, 하이데거의 진술("중국의 도와 희랍의 지배적인 말 로고스(logos)는 같은 의미로 옮겨질 수 있다."[15])에 대해, 존재와 존재자의 "열린 사이"(offene Zwischen)를 '중용'으로 해석하며 현존재의 로고스를 중용의 도와 연관해 펼친 논지에 나타난 해암의 생각은[16] 그 기획이 차분히 준비되고 있었다는 사실을 단적으로 보여준다. 하지만 하이데거의 존재론을 통해 중용의 가치를 연구하려는 스칼라십은 끝내 모색단계에서 그쳤다.

청년 교수 시절(1970년대 초반)

그 시도가 미완의 기획이 된 것은 예기치 않은 죽음도 죽음이지만, 무엇보다도 교육과 교육행정에 더 많은 관심을 기울였기 때문일 것이다. 이로 인한 어려움에 대해 특히 열암을 이어 공부하고 싶었던 '임성주(任聖周)의 기(氣) 사상' 자료에 관한 일화를 들어 해암은 이렇게 말한 바 있다. 즉, "녹문(鹿門) 임성주(任聖周)의 철학에 관심을 두신 열암 선생님은 필자에게 충청남도 천안군 병천리에 임록문의 종가에 가서 녹문문집(鹿門文集)[17]을 구해 보라고 하셔서 병천에 가 녹문집을 찾아냈다. 그 후 너무 바쁘시고 국사에 관여하게 되시어 여기까진 탐색을 안 하신 것으로 알고 있다. 녹문문집을 연구하여 선생님의 뒤를 이어보려 하지만 불민하여 아직까지 못하고 있으니 민망한 일이다."[18] 그러나 퇴직 전에 유명을 달리한 까닭에 결국 모든 기획은 끝내 이루어지지 못했다.

해암은 중용의 가치에 대한 교육적 실천에 남다른 열정을 보이며 강단에서 중용의 가치를 말하며 실천을 역설했다. "훌륭한 스승이란 지적인 문제도 중요하지만 그에 따른 행동 역시 중요하다. 추상적이고 이론적인 것에 실천적인 것이 합치되어야 한다."[19] 그러나 이념의 시대였다. 민주화의 열망으로 끓었던 당대 정치상황에 대한 지식인의 급진적 목소리를 요구했던 주변의 따가운 시선도 적지 않았지만, 그는 기꺼이 감내하며 중용의 가치를 실현하려 애썼다. 이념의 시대를 통과한 숱한 사람들이 취했던, 그리고 해암 역시 취했던, 실존의 한 방식이었다. 그에게 중요한 것은 현실정치의 어떤 이념이 아니라, 민주주의에 입각해 만들어질 더 나은 세상을 꿈꾸는 일이였으며, 그러한 민주주의는 어떤 하나의 이념을 통해서가 아니라 중용의 조화를 통해 실현될 수 있다는 것이 그의 신념이었다: "근본적인 도덕윤리를 바로 잡는 것이 역사바로잡기라고 할 수 있다. 우리의 교육은 이러한 본질들을 지향해야 한다."[20] 유토피아적 원리도, 하나의 중심도, 이해관계로 조정될 절충의 중립도 아닌 조화의 가치에 입각해 생각을 나누고 이견의 지양을 통해 합의를 도출해 가는 연대를 요구하는 지금의 우리에게 중용은 분명 유용한 가치로 읽힌다. 차이를 인정하는 가운데 하나 됨을 추구할 것을 대안의 원리로 취하는 이 시대의 담론에 비추어볼 때, 20여 년 전에 중용의 철학으로써 "다양성 속 통일성"을 추구할 하나의 유력한 방도를 '오래된 새로움'으로 다듬어 가르친 그의 교육 리더스피릿은 어떤 면에선 이미 탈근대의 가치에 닿아 있었다.

문과대학장 재직 시 중정원
조화의 탑 설치기념식(1992. 10. 9.)

조화의 탑 전경

좌우고면치 않았던 성정에 세워진 해암의 신념은 공고했고 실천은 거칠 것이 없었는데, 교육행정에서도 그러했다. 특히 충남대학교 문과대학장 재임 시(1991) 문과대 중정원 복판에 '문원석탑'을 세워 중용의 가치에 입각한 교육의 지표를 형상화한 것은 그 뜻을 알았던 사람들에게 해암이 지향했던 교육철학의 상징으로 회자된다. 조화의 탑으로도 불리는 문원석탑 비문은 해암의 교육철학을 이렇게 기록하고 있다: "이 석조물은 한국의 전통미를 바탕으로 각종의 문양화된 표상들을 새기었으니, 이는 학풍을 조성하고 애교심을 높이며 미래의 꿈과 창조정신을 고취할 것이다. 문원인들의 뜻을 모아 새긴 이 조각물은 원형의 우주가 방형의 세계를 품고 있는 천원(天圓)과 지방(地方)의 기단 위에 우뚝 서서 문과대의 무궁한 발전을 기약하는 표상으로 충남대의 역사와 함께 보전될 것이다. 동양철학에서 천의 개념은 양(陽)의 뜻이요, 지는 음(陰)의 뜻이다. 석주(石柱) 3개는 천(天), 지(地), 인(人) 삼재를 말한다. 이는 서양철학자 하이데거의 저작 〈횔더린의 시 해석〉이 '땅과 하늘과 신과 인간'의 조화를 의미하고 있는 것과 비슷하다. 그래서 나는 미래의 꿈과 창조정신을 조화의 원리로써 표상하는 이 탑을 〈조화의 석탑〉이라 명명했다."[21] 문원석탑은 단순한 조경물이 아니라, 중용의 정신을 교육현장에 실현하고자 하는 의지의 상징으로 서 있다.

4

지역학회를 이끈 중용의 리더스피릿

이후에도 해암은 교육대학원장의 소임을 맡아(1993) 성실히 수행하며 언어학과, 고고학과, 한문교육학과, 농업기계교육학과를 신설하는 한편 교육환경을 획기적으로 개선, 학교교육의 균형 있는 발전 및 활성화에 기여했다. 중용의 가치를 연구하고 가르치며 "열린 사이"의 조화를 설파했던 교육자의 리더스피릿이 빚어낸 작지만 의미 있는 또 하나의 성과였다. 연구와 교육현장에서 끓었던 중용의 열정은 연구자 사회에서도 나타났다. 해암은 '한국 국민윤리학회' 충남지회장을 역임한(1989) 직후 대전-충청의 지역학회로 시작한 '한국동서철학회'의 회장직을 6대와 7대 연이어 수행(1993-1997) 하면서 장소의 철학에 대한 열정으로 지역 학술단체의 발전에 크게 기여하는 리더스피릿을 보였다. 이 시기의 삶 역시 중용의 열정이 부른 '장소의 존재론'에 대한 천착에서 유래한 것이다.

1983년 대전-충청지역의 철학회로 창립된 한국동서철학회는 2024년 현재 300여명의 회원을 두고 연 2회의 정기 학술대회를 개최하며, 2005년 한국연구재단 등재학술지로 등록된 학술지 『동서철학연구』를 매년 4회(3월 31일, 6월 30일, 9월 30일, 12월 31일) 발행하는 국내 유수의 종합학회로 성장, 한국의 철학 발전에 공헌하고 있다. 이 학회는 특히 ①동양철학과 서양철학 연구논문들의 양적인 균형배치, ②동서철학의 주요 주제를 비교적 관점에서 다루는 연구의 기획 혹은 장려를 통해 대전-충청지역의 철학연구를 선도하는 한편, 철학적 성찰이 필요한 시대의 주요 이슈들에 대해 〈동양 서양철학 각각의 관점에서 혹은 비교의 관점에서 다루는 토론의 상〉을 마련해 연구자와 함께 일반시민도 참여할 수 있는 기회를 제공함으로써 지역사회의 발전에도 오랫동안 기여해 왔다.

제7회 한국철학자연합학술대회 개회사(1994. 10. 21.)

그러나 창립이후 상당 기간 동안은 비록 허재윤 교수(영남대)와 같은 소수의 예외적 경우도 있었지만, 주로 대전-충남북지역 연구자 〔철학교수〕 들의 활동으로 학회가 운영되었다는 점에서 매우 제한적이었으며, 학술대회 발표문 및 학회지 출판논문의 저자들의 경우 역시 그러했다. 이러한 상황은 〈지역의 한계를 이르는 '지방'이라는 말에 함축된 "로컬리티'(locality)의 주변성 혹은 후진성"〉의 한 원인으로 지적되었다. 지역의 그 한계를 극복하는 일는 모든 것이 중앙에 쏠려있던 당시의 사회-문화구조에서 사실은 모든 지역학회가 직면한 현안이었다. 한국동서철학회 역시 무엇보다도 먼저 이 현안을 해결해야 했다.[22] 문제는 '중앙/지방'의 대립구도 속에서 한 지역의 장소가 지리-물리적 위치로 퇴락한 상황을 이겨내는 데 있었다. 이는 로컬리티의 주변성 내지 후진성을 극복하되, 지방의 한계 내에서 극복해야 한다는 점에서 결코 쉽지 않은 일이였다.

하지만 대전-충남북 지역 연구자들 및 그들이 배출한 후학들, 그리고 구성원의 인적 관계 상 타 지역에 비해 교류가 비교적 활성화 된 호남(전북)지역과 영남(경북) 지역 연구자들의 유입으로 학회활동의 양적 수준이 현저히 팽창하면서 한국동서철학회는 문제로 지적되던 로컬리티의 부정성을 딛고 국내 유수의 학회로 자리매김할 일단의 가능성, 즉 어느 정도 양적 요건을 마련했다. 여기에는 누구보다도 후학을 많이 배출하며 타 지역 연구자들과 적극적 교류를 시도했던 해암의 역할이 적지 않게 작용했다. 그러나 "보다 높은 단계로의 도약"이라는 실질의 과제를 놓고 보면, 주제 및 내용에 대한 질적 제고의 문제가 더 큰 관건으로 남아있었다.

한국동서철학회의 발전을 위한 해암의 보다 돋보이는 기여는 이 지역학회가 취할 질적 도약의 '고유한 방향'을 중용의 논리로 제시한데 있었다.

해암은 주체와 객체 혹은 내부[중앙]과 외부[지방]을 경계 짓는 단절의 폐단을 '존재론적 장소'의 논리에 입각해 극복할 것을 제안하고 그에 대한 실행(연구발표)을 유도했다. 한국동서철학회의 창립을 이끈 주도적 멤버로서 1984년부터 1987년까지 7회에 걸쳐 "동양철학과 서양철학의 만남"을 학술대회주제로 취하고, 이어 1993-1997년 회장직을 수행하면서 장소성을 현대사회의 문제해소의 논리와 접목해 한국동서철학이 처했던 지역성의 한계를 극복하고자 한 것은 그러한 생각이 반영된 결과로 평가된다. 이로써 학회의 창립이념이었던 '동서양 철학의 소통'을 활성화해, 현안으로 제기된 로컬리티의 부정성을 해소하며 학회의 고유한 위상을 질적인 수준에서 제고할 길을 가리키는 리더의 정신역량을 보였다. 장소의 참된 의미를 연구하던 해암은 지방이라는 지리적 한계 이면에 놓여있는 장소의 본질에 주목할 경우, 로컬리티의 부정성을 극

'21세기를 대비한 동서양 접목방안의 모색'
국제학술대회 개회사(1990. 10. 25.)

복하고 지방학회의 질적 위상을 제고할 수 있다는 신념으로 문제를 돌파해야한다는 생각을 지니고 있었다. 지역학회를 이끈 중용의 리더스피릿의 요체가 되었던 이 비전 역시 하이데거의 존재론을 중용의 자리에서 전용했던 철학자 해암의 태도에서 비롯한 것이다.

동양 혹은 한국철학과의 비교를 통해 서양철학을, 또는 서양철학과의 비교를 통해 동양 혹은 한국철학을 창의적으로 읽어낼 수 있다는 점에서, 해암이 각별히 강조했던 동서철학 소통의 방향은 분명 로컬리티의 부정성 극복을 위해 따라야할 유효한 방향으로 보인다, 주변성 내지 후진성이라는 로컬리티의 부정성을 '고유성' 내지 '차이성'이라는 로컬리티의 긍정성으로 해소할 수 있는 유력한 방도가 거기에 있기 때문이다. 특히 질적 도약의 '고유한 방향'에 대한 해암의 생각은 "미처 '조명/평가'받지 못한 채 묻혀있는 대전 충청지역의 철학(자)에 대한 발굴 연구의 활성화로 이어졌는데, 지역의 장소성이 특성상 어떤 보편의 논리로 인해 그 안에 은폐되어있을 때조차 읽어낼 수 있는 것이라는 점을 고려하면, 이 또한 '긍정적 로컬리티'의 차이성을 취할 독창적 근거로 활용될 수 있다"[23]

이러한 사실은 긍정적 로컬리티, 즉 "동일성의 이념"으로부터 해방된 장소의 차이성을 담아 낼 동서철학회의 모색을 위해 '동서양 철학의 소통'의 중요성을 역설한 해암의 생각이, 여전히 유효할 수 있는 이유가 된다. 그 수고는 마치 삶의 장소로, 혹은 철학적 관념의 근저를 관통하는 경험의 세계로 회귀해[24] 하나의 텍스트를 읽고 새로운 텍스트를 생산하는 일의 반복일 것이다. 실제로 '경험의 지평', 즉 '존재의 장소'로 회귀한 시간과 공간에서 '보편의 논리 이전에 이미 의미로서 생성된 구체의 진리와 가치'를 말하는 것이 '긍정적 로컬리티'의 차이성을 얻는 것이라면,[25] '동서양 철학의 소통'은 분명 그 차이성을 취하기 위한 서양철학(혹은 동양철학) 연구의 중요한 계기가 될 수 있기 때문이다.

관건은 동양 내지 한국철학의 아래에 놓인 로컬리티의 경험에 육박하는 자리에서 서양의 철학을 읽고 해석해내는 일일 것이다. (물론 서양철학의 근저에서 읽어낼 로컬리티 경험이 있다면, 그 경험으로부터 동양의 철학을 달리 읽고 해석하는 일도 가능한 일이다.) 이는 '부정적 로컬리티'의 주변성 극복뿐 아니라 '긍정적 로컬리티'의 차이성 회복의 성취를 위한 모색과 연계되어야 한다는 것을 의미한다. 그 '차이성 회복의 성취'는 근대적 위계구도의 극복이후 사실은 중앙이든 지방이든 그 지리적 위치를 막론하고 모든 학회가 어디에 있든 자신의 장소성을 통해 완수해야 할 과제로 남아있다. 하지만 그 길은 이미 해암이 '현존재의 로고스'와 '중용의 도'로써 가리켰던 '장소의 존재론'에 있을 것이다.

5

시민사회로 뻗은 중용의 리더스피릿

현대사회문제연구소 개소식(1988. 2. 13.)

조화의 이념을 중용의 도로 전용하며 평생의 연구와 교육의 과업으로 삼았던 해암은 통일원 평화통일정책자문위원(1982), 법무부 정책자문위원(1983) 등을 역임하는 한편, 충남대학교부설 새마을연구소 소장(1983)과 인문과학연구소 소장(1987), 그리고 자신이 세운 현대사회문제연구소 소장(1988)으로 일하면서 지역사회 발전에도 각별한 관심을 보였다. 지역사회의 문화 창달에 기여한 공로를 인정받아 정부로부터 새마을 훈장 노력장(1986)을, 충청남도로부터 학술부문 도문화상(1983)을 받기도 했다. 그러나 지역사회 발전의 동력을 보다 분명히 제시하며 지역사회의 발전을 위해 적극 나선 것은 '중용의 도'가 대전-충청지역을 아우르는 "한밭 정신의 뿌리"임을 주창하면서 부터였다.

충청남도 문화상 학술부문 수상(1983. 10. 28.)

교육자로서의 삶에서 스칼라십과 교육리더스피릿으로 조용히 끓었던 '임중도원'의 책무와 '자강불식'의 열정은 역사적 문화적 전통 속에서 대전-충청지역에 뿌리내린 '중용의 가치'를 체계적으로 발굴, 정리해 지역의 시민들에게 전파하며 지역발전을 위한 정신적 동력을 불어 넣은 시간에서 폭발한다. 교육자로서 학교교육현장에서 지식과 이론을 가르치는 데에 그치지 않고, 그 경계를 넘어 지역사회로 확장한 실천을 통해 해암은 시민의 한 구성원으로서 지역사회의 발전에 기여하는 시민리더스피릿의 모범 사례가 되었다. 『한밭정신의 뿌리와 창조』[26]의 출판과 출판이후 그 정신을 전파하기 위한 노력은 그 사례를 단적으로 보여준다. 이미 현대사회문제 연구소를 운영하면서 출간한 『충남정신의 뿌리와 실체』[27]와 함께, 지역의 장소에서 지역의 시민이 스스로 취할 수 있는 고유의 가치로서 '중용의 도'를 가리키며 그것의 사회 실천적 의의를 역설하는 문건 『한밭정신의 뿌리와 창조』 내용은 다음과 같다.

1. 한밭정신의 역사적 맥락: ①한밭의 역사: 한밭의 현황, ②선사-백제-고려시대, 조선시대, 근-현대, ③한밭지리의 역사성: 지리적 역사성, 지명변천, ④한밭의 전통문화: 문화형성과 전개, 문화유산, 전통예술, 민속유산. 2. 한밭정신의 원천과 특성: ①한밭정신의 형성(형성, 배경적 정신문화), ②한밭정신의 원천: 도학정신, 충절정신, 선비정신, ③한밭정신의 현대적 특성: 도학정신과 예의숭상, 충절정신과 향토애, 선비정신과 청렴강직. 3. 한밭정신의 창조적 여건: ①한밭의 정치: 정치의식구조, 정치성향, 정치철학, ②한밭의 경제: 경제의식구조, 농업발달과 특성, 경제권형성과 특성, 공업구조, ③한밭의 사회: 사회의식구조, 인적-씨족 구성, 노사화합, 후생복지, ④한밭의 교육: 교육의식구조, 옛 교육, 가정-청소년교육, 학교-사회교육, ⑤한밭의 문화예술: 문학, 미술, 음악, 연

극, 무용, ⑥한밭의 종교: 토속신앙, 불교, 유교, 천주교, 기독교, ⑦한밭의 환경과 시민건강: 자연과 생활환경, 자연조건과 시민건강, 도시공간의 미화, 4. 한밭정신의 실상과 지향덕목: ①한밭정신의 실상: 시민의식의 실상, 협동근면정신의 실체, ②한밭정신의 지향덕목: 정치적 중도사상과 조화, 경제구조와 수준의 선진화, 사회적 안정과 질서, 문화적 전통과 창조, ③한밭 시민정신의 선진화: 정체성 의식, 민족화합의 방향, 지방자치와 인사행정, 균형복지와 시민정신. 5. 21세기를 위한 새 한밭정신의 창조: ①2000년대 한밭의 미래상: 제2 수도로 발전된 행정도시, 지역경제가 진여(振與)된 복지도시, 문화예술이 꽃피는 새 전통도시, 세계적인 첨단과학도시, ②새 한밭정신의 창출: 2000년대로 향한 새 한밭정신의 창조, 새 한밭정신의 요체.

'한밭 정신의 뿌리와 창조' 심포지움
개회사(1990. 9. 18.)

해암은 간행위원장으로서 교수 및 예술문화인으로 구성된 60명의 집필자들과 함께 지자체 대전광역시의 지원과 협조를 끌어내 상하권으로 1500쪽에 달하는 방대한 양의『한밭정신의 뿌리와 창조』를 출간, 대전충청지역의 오래된 희망으로서 조화의 시민정신을 체계적으로 정리, 21세기를 향한 새 한밭정신으로 제시했다. 이 책자는 인문, 지리적, 문화사적 사료에 대한 해석과 정리 및 현재의 정치 행정 및 경제, 교육, 종교, 예술, 사회관련 각종 의식 구조 등에 대한 지표와 현황을 나타낸 통계자료에 대한 분석과 고찰의 내용을 담고 있다. 해암은 간행사를 통해 "물량적인 문명과 정신적인 문화가 이원 합일되는 대전"의 비전을 위한 창조의 정신을 제시하려 했다. 그리고 이로써 전통과 현대의 갈등 뿐 아니라 이념갈등, 노사갈등, 지역갈등, 남북갈등을 비롯해 근대화 과정에서 파생된 숱한 대립의 문제들(남성과 여성, 인간과 자연, 세대의 갈등)로 소란한 시대의 지역사회발전을 위한 새로운 대안으로서 중용의 정신을 주창했다.

그가 해명하고 주창한 이 정신은 역사를 통해 시민들의 삶에 이미 체화된 로컬리티 정신이라는 점에서 사실은 '시민에 의한 시민의 사회변화'를 견인하는 시민리더스피릿에 다름 아니다. 이에 대해 해암은 다음과 같이 말한 바 있다. "한밭의 도학정신은 그 도통연원이 동양의 조화의 정신이다. 지정학적 조화, 계룡산과 금강이 '산태극'(山太極)과 '수태극'(水太極)으로 이루어져 있다. 보문산 식장산, 계족산과 대전천, 갑천, 유등천의 위상학에서 중용(中庸)의 정신 도출되고. 여기에 근거해 한밭의 3대 정신인 도학정신, 충절정신, 선비정신이 나왔다. 그리고 도학정신으로부터 성지(誠

之)의 예의숭상(禮儀崇尙) 정신이, 충절정신으로부터 춘추대의의 절의(節義) 정신이, 선비정신으로부터 청렴, 강직(淸廉, 剛直)의 정신이 창출되었다. 새 한밭의 역사 창조는 이 한밭정신의 뿌리를 통해 가능하다. 한밭정신의 뿌리와 실체에 대한 현대적 조명을 통하여 새로운 한밭의 역사의 창출이, 구체적으로 행정중심 도시, 복지도시, 전통을 계승해 거듭난 문화도시, 세계적 첨단과학 도시로의 비약이 비로소 실현 가능하다. 충청을 일컬어 청풍명월의 고장이니 양반의 고장이라고 부르지만, 사실 그 정신에 대한 개념과 정의는 막연하였다. 충청의 정신을 철학적으로 조명하는 작업이 있어야 한다."[28]

해암이 교육 현장이나 지역의 철학회의 발전에 보여준 중용의 리더스피릿이 시민리더스피릿으로 확장할 수 있었던 것은 그가 대학교수에게 암묵적으로 부여된 사회적 위치, 즉 오피니언 리더의 자리에서 대립과 갈등의 요소를 봉합할 가치를 고안해 제시하는 종래의 전문성이 아니라, 그 가치에 대한 시민의 자각을 주장하는 열정 때문이었다. 하이데거를 공부했던 해암은 "우리는 사회를 구성하는 주체이자 사회에 속하는 객체"[29]라는 후설의 중용적 태도, 주관성('향내성')과 객관성('향외성')을 지양하는 태도에도 충실했다.[30]그들로부터 "주객 물아 일치하는 중용(Zwischen)"[31]의 의미를 읽어낸 그는 어떤 외적 힘으로 공감을 일깨우는 것이 아니라, 자기 자신에 대하여 동참을 요구하듯 타인들에 대하여 그렇게 동참할 것을 요구함으로써, "동참하는 사람은 타인들을 변화시키려는 것이 아니라 타인들이나 자기 자신을 이해하려는 노력"[32]이 먼저 있을 때 모두가 바라는 변화는 비로소 가능케 될 것이라 믿었다. 해암이 보여준 시민리더스피릿은 이 '변화의 힘'을 지역사회 내부에서 자생케 하는 시민주체의 덕목이 될 수 있다. 우리사회를 바꾸는 '변화의 힘'은 그러니까 우리를 맡길 지도자의 어떤 목소리가 아니라 스스로 취할 수 있고, 또 스스로 취해야 할 시민의 목소리에서 나온다. '변화의 힘'은 더 이상 초월의 예지로써 우리를 이끌어갈 영웅의 성스러운 말이 아니라, 내재의 예지로써 스스로를 개척해갈 우리 시민들의 '말'에서 비롯한다. 하지만 해암에게 이 '말'은 현실을 살아가는 '실존의 숙고', 즉 '중용의 사유'에 걸려있는 까닭으로 인해,[33] 전혀 다른 의미에서 '성스러운 것'으로 수용된다. 그 사유가 일체의 모든 것을 새로이 열어가는 사유였기 때문이다.

> "내 말(Wort)이 바로 성스러운 것이다.
> 왜냐하면 저 모든 시간들보다 더 연로하며
> 그리고 서녘과 동녘의 모든 신들을 넘어서고 있기에,
> 이제 자연은 간과(干戈)를 절그럭 거리며 이제 눈을 뜨고
> 그리하여 에테르의 높은 곳으로부터 심연의 낮은 곳까지
> 확고한 법칙(그 시원성)을 좇아서 언제인가처럼
> 거룩한 혼돈으로부터 (스스로)탄생되면서
> 다시 정신이, 일체를 창조하는 것이, 새로이
> 저 자신을 느낀다."[34]

실제로 하이데거를 매료했던 시인 휄더린의 시(詩) 〈흡사 축제일 같이〉에 심취한 해암에게도 "내 말이 성스러운 것"이라 했던 시인의 말은 선택받은 어떤 특별한 사람의 신성한 영혼의 목소리가 아니라 평범한 우리 시민의 '삶의 시간'의 깊이에서 작용하고 있는 실존론적 정신의 목소리로 분출한다. 분열과 대립의 갈등을 일거에 봉합하는 어떤 선지자의 말이 아니라 "거룩한 혼돈"의 잠을 깨

는 자연을 '숙고/명명'하며 "일체를 창조"하는 시인의 자리, 그러나 실존의 가능성으로서 사실은 모두에 열려있는 자리,[35] 그 '중용의 자리'에 임해 마침내 삶의 '거룩한 혼돈'의 의미를 '숙고/명명'하며 스스로 해방의 길을 모색하는 '우리'의 말이다. 이 말의 힘은 굳이 따지려 든다면 '관념의 힘'일 것이지만, 그 관념이 "현실적인 것이 현실적인 것으로 나타나게 해주는"[36] 정신의 것이라는 점에서, 이 세계에 대한 '단순한 실존적 수정'을 넘는 실천이 수반할 경우라면 해암이 믿었듯 그 힘은 분명 시민의 유효한 공동체 덕목일 수 있다.

일찍이 급진적 교육학자 프레이리는 교육의 수직관계가 아닌 수평관계를 주장하며 "피교육자는 교육자의 담론에 따라 움직이는 객체가 아니라 자신을 인식의 주체로 믿고 학습하는 사람"이어야 한다고 말하며 그 이유를 이렇게 기술한 바 있다: "억압받는 사람들은 그들의 구속을 위한 싸움에서 스스로가 자신의 모범이 되어야 한다. 진정한 삶의 해방을 바란다면 자신의 '삶의 양식'(way of life)을 재고하고 억압에서 자신의 역할을 검토해야한다."[37] 그의 이러한 주장은 주객일치의 삶이 빚는 중용의 자리에 섰던, 때문에 당파적 헤게모니를 중시하는 사회주의이념에 비판적이었던[38] 해암의 생각과 비록 그 내용과 방법 모두에서 큰 차이를 보이지만, 적어도 더 나은 사회로의 변화를 지향하는 해방의 열망에서 둘은 수렴될 수 있다. 더 나은 사회로의 사회변화를 위해 해암이 취한 것은 지난 세기를 흔들었던 계급혁명의 논리가 아닌 하이데거의 장소론에 함축된 중용의 탈(脫)근대적 논리였다. 해암은 프레이리와 다른 이질의 견해 속에서, 그러나 일상의 난국(難局)에 맞서며 살아가는 시민들에 대한 동일한 배려와 신뢰 속에서 그들의 내재적 지혜를,

달리 쓰자면 하나의 정치적 의지에 지배된 "가르침의 질서" 이전에 시민의 삶 속 깊이에서 이미 체득된 해방의 지혜를 믿었다.

'충남정신의 뿌리와 실체' 심포지움 주제발표(1990. 9. 28.)

해암은 '한밭정신의 뿌리 찾기'의 간행을 통해 표명한 시민리더스피릿을 이후 세미나 개최를 통해 "대전-충청인의 정신과 사상"을 지속적으로 공론화 하는 한편, 대전-충청지역 순회강연을 통해 "대전-충청정신의 뿌리와 실체, 향토 문화와 충남인의 자세"를 지역의 시민들에게 전파하는데 주력하며, "하루하루 임중도원(任重道遠)의 길을 되새기며 황소처럼 뚜벅뚜벅 걸어갈 것"[39]이라는 자신의 다짐을 멈추지 않았다. 해암은 이 행보 속에서 1995년 자민련(자유민주연합) 창당에 관여하는 등 정치에 관심을 보이기도 했지만,[40] 늘 일정한 간격을 유지했다. 그는 현실정치에 뜻을 두고 있지 않았으며, 그럴 여력도 없었다. 정치에 발을 들이기에는 그의 삶은 이미 철학적이었고, 정치권력의 속성에도 전혀 익숙하지 않았다. 만일 그가 정치에 관심을 가졌다면, 아마도 지역사회에서의 중용의 가치실현에 필요한 정치의 역할 때문이었을 것이다. 근소한 차이로 피선에 실패해 뜻을 펼치지 못했지만, 충남대학교 13대 총장 선거에 출마했던(1997) 것도 사실은 그러한 이유에서였다.

6

'우리'를 이끄는 '우리'의 힘

"누구를 막론하고 발을 돌려 가는 곳마다 길을 통하지 않고는 갈 수 없다. 맹목의 이상에만 사로잡혀서 위만 보고 길을 똑바로 가지 못한다면, 옛 희랍의 철학자 탈레스처럼 개천에 빠지고 만다. 중용의 길은 '천명지위성, 솔성지위도'('天命之謂性, 率性之謂道)라 할 때의 도, 즉 형이상학적 길이되 현실과 단절하지 않은 이상의 길이다."[41] 중요한 것은 그 길을 어떻게 현실의 길과 조화시키느냐의 문제다.

해암의 시민리더스피릿은 로컬리티의 장소론에 입각한 사회 구성원 각자의 참여가 올바른 역사를 만들어 갈 수 있다는 사실을 함축한다. 사는 일이 우리의 책무이듯, 사는 일을 반성해 더 나은 대안을 말하며 사회의 현실을 재구성해 가는 일도 우리의 책무여야 한다. 해암은 학교교육의 현장을 넘어, 한 명의 시민으로서 사회 현안에 참여, 시민리더스피릿의 모범을 보였다: 개개인이 각자의 일터, 그 삶의 자리에서 실존의 자각을 통한 사회참여의 길을 취해 변혁을 이끌 시민리더스피릿의 한 전형이 되었다. "대중 교육에 대한 실천적 접근 방식과 변혁적 변화를 확보하기 위한 능력의 확인"을[42] 주장하며 가르쳤던 프레이리와 달리, "조화의 논리와 화합의 정신을 앞세워 천리(天理)와 지도(地道)와 인심(人心)의 합일을 실천하며"[43] 설파했던 해암은 시민의 내재적 지혜, 즉 어떤 이념 이전에 시민의 삶에서 발현할 중용의 지혜에 대한 자기 확신으로 일상을 사는 평범한 주체가 가져야할 리더스피릿을 우리에게 알려준다. 예컨대 랑시에르 같은 이들이 펼친 당대의 사회-정치이론이 '데모스'(demos)를 가리켜 "모든 제도를 능가하는, 모이고 나누는 독특한 힘으로서의 시민"이라 달리 규정하며 강조하는 것도[44] 그러한 리더스피릿의 의의와 무관치 않다. 비록 지도자가 있다 해도, 그가 '우리'의 지도자이게 하기 위해서는 그 힘이 시민의 것이어야 한다.

인문대학 동료교수들과 백두산 연수(1992. 8. 5.)

제자들과 함께(2000년대 초반)

이와 연관해 그는 또 이렇게 말했다; "정치는 정부 또는 선거 같은 대의 체계를 뛰어넘는 활동이 벌어지는 도처에 존재한다. 민주주의란 통치할 자격이나 능력이 없다고 간주되던 자들이 '모두에게 속한 통치역량'을 현실화하는 것이다."[45] "배제된 자들의 주체화"를 뜻하는 이 말은 거인의 모습으로 나타날 어떤 리더를 기다리는 것이 아니라, 시민 각자가 세상을 바꾸는 데모스의 미시적 힘을 실현하는 리더가 되는 것을 뜻하며, 그럴 때 우리는 더 나은 삶의 시간을 누릴 수 있게 된다는 사실을 가리킨다. 시민으로서, 그리고 시민인 채 변혁의 주체로 참여하는 시민리더스피릿이 필요한 미시정치의 시대다. 한 철학자의 말대로 "현대의 영웅은 인간자신에 있다."[46] '우리'의 좋은 삶을 지향하는 것이 정치라면, 거기에 걸려있을 대립과 갈등을 해소할 힘은 '우리' 모두의 자율에서 나와야 한다. 해암이 하이데거에 천착해 보여준 중용의 리더스피릿은, 비록 프레이리나 랑시에르 같은 이들의 논리와 실존론적 삶의 형식과 정치적 힘의 강도 측면에서 일정한 간격을 보이고 있지만, 이는 적어도 이 자리에서는 중요하지 않다. 지금 우리가 주목해야 할 것은 우리의 과제가 될 그의 유산, 즉 우리를 내맡길 리더가 아닌 우리를 끌고 가야 할 우리자신의 덕목으로서, 탈속의 시간으로 초월하는 자의 것도 세속의 높은 자리에 있는 자의 것도 아닌 시민리더스피릿의 의의와 실천을 가리키는 메시지다. 그것은 사회현실을 가로지르며 일상을 살아가는 한 시민의 가능한 '삶의 형식'이 빚은 것으로서 지금을 사는 우리가 여전히 취할 수 있는 시민의식이기도 하다. 이는 현실의 사회-정치적 역할과 별도로 어떤 일을 하던 간에 각자의 주어진 자리에서, 중용의 자세로 사회의 갈등을 해소하며 함께 끌어갈 시민들의 리더스피릿, '우리'를 이끄는 '우리'의 힘일 것이다.*

해암어록

"나의 철학적 사유는 일찍이 나의 삶에 있어서 행동의 지침이 되었고, 나는 그것을 현실적인 삶의 기반 위에 구체화하고자 진리(Whrheit), 정의(Gerechtigkeit), 자유(Freiheit)의 실천을 일관되게 추구해 왔다. 또한 이론과 실천이 일치될 수 있도록 항상 자강불식(自强不息)하였으며, 그 목표를 이루기 위하여 이상은 높게 하고 현실은 착실히 하고자 노력하였다. 앞으로도 나는 하루하루 임중도원(任重道遠)의 길을 되새기며 황소처럼 뚜벅 뚜벅 걸어갈 것이다." (『존재의 지평』)

"실존하는 자아의 의미는 시간성(Zeitlichkeit) 속에서 드러난다. 시간을 구성하는 과거와 현재 그리고 미래는 분리와 단절을 거부한 채 진행되고 있다. 인간 현존재는 지속적인 역사의 흐름 속에서 존재의 본래적인 의미를 자각해야 한다." (『존재의 지평』)

"한밭정신의 뿌리와 창조를 하나의 나무에 비교해 보면, 그 뿌리는 한밭의 역사와 문화와 전통, 그리고 삼대정신(도학정신, 충절정신, 선비정신), 조화논리다. 그리고 가지와 줄기는 한밭정신의 실상과 지향덕목, 한밭정신의 창조적 여건이다. 한 나무가 풍요롭게 개화되어 결실을 맺으려면 뿌리가 튼튼하고 가지와 줄기가 무성해야 한다."
(『계룡산 그 조화의 논리』)

추모비(세종시 금남면)

공주고 재학 시절(1950년대 중반)

청년 시절(충남대학교 문화동 캠퍼스)

대중 강연 모습(1985. 12. 14.)

충청남도 문화상 수상(학술부문, 1983년)

현대사회문제연구소 개소식(1988. 2. 13., 앞줄 가운데)

현대사회문제연구소 개소식(1988. 2. 13., 오른쪽에서 두 번째)

'21세기를 대비한 동서양 접목방안의 모색' 국제학술대회 발표(1990. 10. 25., 가운데)

제7회 한국철학자 연합학술대회 개회사(1994. 10. 21.)

I. 지헌영, 대전 · 충청학의 기원

* 이 글의 주요 내용은 「장암 지헌영의 대전 · 충청권 지역학적 위상」(『한국문학과 예술』 51, 한국문학과예술연구소, 2024. 9)으로 발표되었습니다.

1 지헌영(1947), 『향가여요신석(鄕歌麗謠新釋)』, 정음사.

2 지헌영(1961), 「정읍사의 연구」, 『아세아연구』 7, 고려대학교 아세아문제연구원.

3 이하 지헌영의 약력에 대한 기술은 「장암 지헌영 선생 약력」 [장암지헌영선생고희기념논총간행위원회 편(1980), 『장암 지헌영선생 고희기념논총』, 형설출판사, 7~8쪽. 이하 『장암 지헌영선생 고희기념논총』으로 표기], 「장암 지헌영 선생 약력」 [강전섭 편(1995), 『장암학보』 1, 장암학술연구회, 9쪽. 이하 『장암학보』 1로 표기] 등에 일차 근거하였다.

4 김선기(2022), 「장암 지헌영 교수의 울림 큰 여운」, 충남대학교 인문학연구원 편, 『CNU 70년사에 빛나는 문원의 인물과 사상』, 충남대학교출판문화원, 94~95쪽.

5 지헌영 편(1976~1977), 『설악유고』 1~3(영인본).

6 조선조선교육령의 차수 산정에 대한 입장과 성격에 대해서는 김경자 외(2005), 『한국 근대 초등교육의 좌절』, 교육과학사, 58~60쪽; 양병일(2022. 12), 「태평양전쟁의 관점에서 본 일제강점기 초등 지리 교과서의 기능」, 『사회와교육』 61권 4호, 한국사회과교육연구학회, 73~75쪽 참조.

7 대전보통학교의 6년제 개편 시기가 제2차 조선교육령(1922)보다 빠른 1921년인지 사실 여부는 확인이 필요해 보인다. 이어지는 사전 설명에 따르면 대전공립보통학교는 1924년 대전제1공립보통학교로 개칭되었고, 이때 분리 개교한 제2공립보통학교는 현 대전신흥초등학교이다. 〈위키백과〉(https://ko.wikipedia.org/wiki/대전삼성초등학교) 참조.

8 지헌영(1944. 4), 「풍수설－그의 종교성과 형이상학」, 『조광』 10권 4호. 인용은 지헌영(2001), 『한국지명의 제문제』(어문연구학술총서 5), 경인문화사, 413쪽.(이하 『한국지명의 제문제』로 표기) 앞으로 본고에서의 모든 직접 인용은 자료 제시 차원에서 원문 형태 그대

로 전재함을 원칙으로 삼고, 한자 병기와 최소한의 띄어쓰기만을 적용하기로 한다.

9 조종업(1971), 「장암선생약전」, 장암선생화갑기념논총간행회 편, 『장암지헌영선생화갑기념논총』, 호서문화사, 1277쪽. 해석은 인용자.

10 지헌영(1970), 「대루 쇄담(待淚 瑣談)」, 『충남문학』 6, 충남문인협회. 인용은 『한국지명의 제문제』, 366쪽.

11 조선교육령의 차수 산정을 포함하여 군국주의가 강화되는 3차 조선교육령의 성격에 대해서는 앞의 미주 6 참조.

12 신상구(2016. 5. 23), 「대전의 정신적 지도자인 장암 지헌영 선생 이야기」(https://www.stb.co.kr/?m=bbs&bid=stbfree&uid=2172) 참조.

13 김선기, 앞의 글, 99쪽.

14 지헌영(1970), 앞의 글, 367~368쪽.

15 미주 3에서 전제한 2개의 「장암 지헌영 선생 약력」 참조.

16 지헌영(1970), 앞의 글, 365~366쪽.

17 조종업(1980), 「서」, 『장암 지헌영선생 고희기념논총』, 1쪽.

18 〈나무위키〉(https://namu.wiki/w/대전고등학교) 참조.

19 지헌영(1971), 「「대고교가」의 작사정신」, 『아! 대전아(아! 大田아)』, 호서문화사, 19쪽. 『아! 대전아』는 『장암학보』 1의 부록으로도 영인, 수록되어 있다.

20 위의 책, 19~20쪽.

21 원만서(영한)(1981), 「그분은 가시다—장암 지헌영선생을 추모하여」, 『호서문학』 7, 호서문학회. 인용은 원영한(1990), 『교육 그리고 인생』, 학습사, 159~161, 194~195쪽.

22 박명용 편(2000), 『대전문학사』, 한국예총대전광역시지회, 38쪽 참조.

23 「호서민중대학 연혁」, 호대동공회편집부(湖大同攻會編輯部)(1949), 『호서학보』 1, 호서민중대학, 137~139쪽.

24 「교수강사급교사진일람표(敎授講師及敎師陳一覽表)」, 위의 책, 141쪽.

25 〈나무위키〉(https://namu.wiki/w/전북대학교/역사) 참조.

26 이 글은 당대 국문학 주요 논문을 모은 김열규 · 신동욱 · 이상택 편(1977)『국문학논문선』

1(향가연구), 민중서관]에 재수록되어 있다. 재수록되면서 「풍요(風謠)에 관한 제문제」(연구발표 요지)가 글의 마지막 장으로 추가되었다.

27 사재동(1981. 1. 5~6), 「장암 지헌영선생의 생애와 업적」, 『대전일보』. 인용은 「장암학보」 1, 37쪽.

28 조종업(1980), 「서」, 앞의 글, 1~2쪽.

29 지헌영(1991), 『향가여요의 제문제』(어문연구 학술총서 1집), 태학사.

30 강전섭(1991), 「편집후기」, 위의 책, 464~465쪽.

31 강전섭(1981), 「장암선생의 학문을 말한다」, 『호서문학』 7, 호서문학회.

32 김형기(1971), 「머릿말」, 『어문연구』 7(장암지헌영선생화갑기념특집호), 어문연구회. 인용은 『장암학보』 1, 25쪽.

33 〈한국민족문화대백과사전〉(https://encykorea.aks.ac.kr/Article/E0074517).

34 도수희(1971), 「머릿말」, 『한국언어문학』 8 · 9(장암지헌영선생화갑기념호), 한국언어문학회. 인용은 『장암학보』 1, 28쪽.

35 어문연구회 편(1971), 『(장암선생 회갑기념) 고서전시목록』, 장암선생회갑기념사업회.

36 지헌영(1965. 11. 11), 「창간15주년에부쳐」, 『대전일보』.

37 지헌영(1966. 1. 1), 「명분과실리문제—죽음으로염원한민족의회생」, 『중도일보』.

38 지헌영(1966. 8. 28), 「비좁은 서울—신수도권조성계획을 중심으로」(3), 『중도일보』.

39 지헌영(1967. 9. 10), 「문화상제도의 정화와 존속을 위하여」, 『중도일보』.

40 지헌영(1968. 2. 18), 「새 충남을 위한 설계」(새로운 풍토조성을 위한 「시리즈」—충남기질개조론 · 7), 『중도일보』.

41 지헌영(1965. 9. 28), 「여가잘살리고 정독제일주의」(독서와 나 · 4), 『대전일보』.

42 남기택(2022), 「1960년대 후반 대전문학—신문 소재 자료를 중심으로」, 『대전문화』 31, 대전광역시사편찬위원회 참조.

43 「지방자치제둘러싼찬반—각계인사들은 어떻게 생각하고 있나」, 『대전일보』 1966년 5월 29일 참조.

44 「신문문화면 제작에당면하는 문제점들—전국문화부장세미나를마치고」, 『대전일보』 1966

년 5월 15일 참조.

45 남기택(2009. 4), 「소수자로서의 지역문학, 그 정체와 전망—대전 · 충청 시문학을 중심으로」, 『비교한국학』 17권 1호, 국제비교한국학회 참조.

46 이에 대해서는 남기택(2021), 「대전문학의 깊이와 품격, 박희선 시인」, 길애경 외, 『20세기 대전의 리더스피릿』, 대전세종연구원 참조.

47 최문휘(2012), 「대전문단의 발아기와 호서문학회」, 호서문학회 편, 『호서문학 60년사』, 오름, 142쪽.

48 원영한(1990), 앞의 책, 161쪽.

49 지헌영(1952), 「국문학잡기(2)—시조감상1수」, 『호서문학』 1, 호서문학회.

50 지헌영(1956), 「방황하는 중견—정월시단을 중심으로」, 『호서문학』 3, 호서문학회.

51 지헌영(1959), 「국문학잡기(3)—단가정형의 형성」, 『호서문학』 4, 호서문학회.

52 이 글에서 근거하고 있는 「장암 지헌영 선생 약력」(『장암학보』 1)에는 "1956. 6. 호서문학회 교수위원 대표"(9쪽)로 기록되어 있다. 그런데 『호서문학』 일지에 따르면 지헌영은 그 이전부터 대표로 활동하고 있었다. 예컨대 3집 일지에는 1955년 8월 13일 임원 개선에 따라 "대표위원 전형, 정훈, 지헌영"(『호서문학』 3, 192쪽)으로 기록되어 있다. 한편 4집 일지에는 1957년 11월 9일 임원 개선에 따라 "고문 전형, 정훈, 지헌영"(『호서문학』 4, 145쪽)으로, 회원 명단에는 소속이 '고문'(146쪽)으로 기록되었다.

53 지헌영(1949), 「발문」, 정훈, 『머들령』, 계림사, 160～161쪽.

54 김대현(1958), 『옥피리』, 정음사.

55 김대현(1954), 『청사(青史)』, 창문사.

56 서정주(1958), 「서」, 김대현, 『옥피리』, 앞의 책, 1쪽.

57 지헌영(1958), 「발(跋)」, 위의 책, 170쪽.

58 지헌영(1971), 「아! 대전아(대전부)」, 『아! 대전아』, 앞의 책, 7쪽. 인용 부분은 「아! 대전아(대전부)」의 서두 1～4연이다.

59 이 작품의 전체 연과 행의 규모를 확정하기는 어렵다. 당대의 표기상 들여쓰기가 구현되어 있지 않기에 정확한 행 구분을 파악하기가 불가능하다. 또한 페이지가 나뉘는 부분에

서의 연 단위를 구분하기도 어렵다. 필자의 주관적 판단으로는 50연 단위에 총 267행으로 파악된다.

60 지헌영(1971), 「아! 대전아(대전부)」, 『아! 대전아』, 앞의 책, 16쪽.

61 김용재(대전문인총연합회)(2013), 「대전의 문학비와 시가 사는 기념비」, 기획출판 오름, 9쪽.

62 지헌영 문학의 정수를 고전 정신의 현대적 계승으로 적실히 파악한 사례로는 이형권(2018. 6), 「장암 지헌영의 삶과 학문, 그리고 문학」(『충청문화연구』 20, 충남대학교 충청문화연구소)이 대표적이다.

1 정만호(1922), 「학산 조종업 선생의 법고창신 정신」, 『CNU70년사에 빛나는 문원의 인물과 사상』, 충남대학교출판원, 137-163쪽 참조.

2 충남대학교송자학연구재단 송자연구소(1994), 『송자학논총』 창간호, 「부록」, 〈송자연구소 규정〉.

3 충남대학교송자학연구재단 송자연구소, 『송자학논총』 2집, 「부록」, 〈北京大學宋子學硏討會抄錄〉.

4 고명(1984), 「中韓日詩話之比較硏究序」, 『中韓日詩話之比較硏究』, 臺灣 學海出版社.

IV. 거암(巨巖) 박계홍(朴桂弘) 교수의 생애와 학문

1 거암의 생애와 학문에 대하여 언급한 것으로, 이보다 앞서 거암이 작고한 해 가을 민속학 대회 때 김영진 교수가 구두 발표한 짧은 글이 있다(『한국민속학』 21, 한국민속학회, 1988. 12 참조).

2 이제까지 그의 저서에서 1938년으로 소개되고 있으나 실제로는 1937년이 옳다.

3 실제로는 장한 어머니상을 주려고 했던 것인데 거암의 모친이 극구 사양하는 바람에 남편 쪽으로 방향이 바뀌어 수상한 것이라고 한다.

4 어려서의 가정 배경과 아동기의 성장 모습에 대해서는 거암의 막내 이모로 기임이 태어난 나복리에 살고 있는 이수복(1930~) 어른의 증언에 주로 의존했다.

5 중고교 시절의 생애 사실은 위 이수복 어른의 말과 함께, 거암과 중고교 동창으로서 부여 동양한의원 원장인 유봉상(劉奉相:1935~)씨의 증언을 주로 참고하였다.

6 ≪想苑≫ 3집(61년)에 실린 〈까마귀〉가 그것임.

7 부여출신 대학생들의 문학동호인 모임인 '백류'는 58년에 공갑수, 조남익, 박계홍, 김용철 등이 중심이 되어 58년에 창립했으며, 매년 방학을 이용, 부여에서 문학의 밤을 개최하여 분야별 창작발표를 겸하여 유명 문인을 초청하여 강연을 듣기도 했다 한다. 거암은 이 모임의 3대 회장을 맡았었다. 2대 회장이었던 조남익(현 부여고 교장)의 회고담에 따르면, 이때 거암은 문학의 밤을 통해 좋은 소설(꽁트)을 몇 차례 발표했다 한다. 그러나 정식 회지를 낼 정도로는 발전되지 못했으며, 64년에 해체되었다. 거암은 64년 8월 30일 '≪白流≫ 同人이 걸어온 길'이란 글을 대전일보에 발표하였는데, 이때가 위 모임이 해체된 무렵이 아니었던가 짐작된다.

8 당시 고향에서 선오당 선생의 전보를 받고 대전으로 온 거암은 보문고등학교에서 교사로 재직하고 있던 최원규 선배(뒤에 국문과 교수로 거암보다 먼저 부임함)를 찾아와 이 문제를 상의했다 한다. 한편 이 무렵 거암은 중등교사 취직을 생각하는 일면 세무서 취직도 깊이 고려하고 있었다고 한다. 평소 어려운 가정 환경이 그런 생각을 하게 한 듯하다.

9 이런 사실은 주 7)의 글을 통해 확인된다. 이 글에 의하면 62년 4월 16일자 「한국일보」에는

민요조사방법에 대한 김영돈의 글이 실렸다고 한다.

10 「충대신문」 62호(1962년 6월 18일)와 63호(1962년 6월 25일)에 게재되었음.

11 "풍성했던 민요 수집- 62년을 보내면서-", 「대전일보」, 1962년 12월 22일.

12 당시 지도 교수의 서문을 보면 도서관에서 이 논문을 쓰느라 병이 나 결근을 할 정도였다는 사실이 언급되어 있다.

13 논문의 서문을 쓴 김우종 교수의 글 참조.

14 「中世社會의 祈雨儀式에 對한 考察」, 『충대논문집』 4, 1965. 5.

15 이 책은 73년 8월 초간되어 85년에 재간되었다.

16 「說話分析을 위한 異變說의 象徵性 考」(『한국언어문학』 10, 73. 2.)와, 「動□植物의 異變 變態에 대한 象徵性 考」(『어문연구』 8)가 그것이다.

17 위의 세 편 글을 한 편으로 수록하면서 위 제목을 편명으로 내세우고 있음이 그것이다.

18 「近世社會의 祈雨儀式에 對한 考察」(『어문연구』5, 1967. 11.)이 그것임.

19 이들을 예시하면 다음과 같다. 「巫俗이 藝術發生에 끼친 影響」(『충대대학원논문집』, 1969. 7); 「巫俗이 中世社會에 끼친 影響」(『한국민속학』 1, 1969. 12.); 「忠淸南道民의 巫俗觀念에 對한 民俗學的 考察」(『국어국문학』 50, 1970. 9.); 「近世巫人의 社會的 機能에 對하여」(『한국민속학』 4, 1971. 6.); 「近世人의 巫俗信仰思想에 對한 考察」(『석주선 박사 고희기념 민속학논총』, 1971. 6.); 「近世巫俗 禁制考」(『어문연구』 7, 1971. 10.); 「近世巫人의 墮落相에 對하여」(『장암 지헌영 선생 화갑기념논총』, 1971. 11.)

20 『한국민속연구』, 301쪽 참조.

21 앞의 책.

22 『한국민속연구』, 299쪽.

23 65점의 다양한 사진 자료가 첨부되고 있음도 이 책의 이런 점을 더욱 돋보이게 해준다고 할 수 있다.

24 위 책에 대한 서문을 우리말로 옮긴 것임.

25 이 조사단은 일본의 大塚民俗學會와 한국의 한국민속학회의 제휴로 처음 73년에 발족되었고, 일본의 문부성 국제교류기금과, 한국 문화공보부로부터의 원조를 받아 조사가 이

루어졌다고 한다.

26 이들 논문은 다음과 같다. 「韓 · 日 民俗의 比較考察(Ⅰ)—日本 墓制考—」(『논문집』1, 충남대 인문과학연구소, 1975. 9.); 「韓 · 日 民俗의 比較考察(Ⅱ)—特히 對馬島의 集團信仰과 忠南의 部落祭를 中心으로—」(『백제연구』6, 1975. 12.); 「韓 · 日 民俗의 比較考察(Ⅲ)—日本 婚姻의 歷史的 類型을 中心으로—」(『백제연구』7, 1976. 12.); 「韓 · 日 民俗의 比較考察(Ⅳ)—日本婚姻風俗考—」(『한국언어문학』13, 1976. 12.); 「韓 · 日 民俗의 比較考察(Ⅴ)—韓 · 日漁撈民俗의 比較考察—」(『논문집』Ⅳ—2, 충남대 인문과학연구소, 1977. 12.); 「韓 · 日 民間信仰의 比較考察(Ⅰ)—祭場의 標識를 中心으로—」(『한국학보』14, 1979. 3.); 「韓 · 日 民間信仰의 比較考察(Ⅱ)—堂祭와 村祭를 中心으로—」(『장암 지헌영 선생 고희기념논총』, 1980. 5.); 「韓 · 日 民間信仰의 比較考察(Ⅲ)—祭神의 性格과 表象을 中心으로—」(『국어국문학』85, 1981. 5.)

27 『월산임동권박사 송수기념논문집』, 1986. 4.

28 『≪民間信仰調査ハンドブック』〈上.理論篇〉, 雄山閣出版株式會社, 1987. 10.

29 형설출판사, 1983. 8.

30 예컨대 이 책은 '구비문학'과 같은 중요한 항목이 보완되지 못하고 있다. 그리고 많은 내용을 자세히 다루다 보니 저자 자신의 연구 결과로 집필 항목의 대부분이 채워지지 못하고 기존의 여러 연구 성과에 주로 의존해야 했던 것도 약점의 하나이다. 그러나, 위 책 이전과 이후의 모든 민속학개론서가 모두 '공저' 형식으로 간행되고 있음을 유의할 때, 이것을 단독 저서로 착수했다는 사실 자체만으로도 하나의 획기적인 일로 주목되어야 할 것으로 본다.

31 이 가운데에 충청민속의 여러 사례를 보고한 예들은 70년대 시점에서 정리된 민속사례로서 일정한 자료적 가치가 있다고 할 수 있다.

32 『한국인의 전통의례』, 「서문」 참조.

33 이 책은 황인덕의 주선으로 1990년 5월 『民俗學散稿』란 이름으로 초간한 뒤(대전: 문경출판사, 한정판 비매품), 1998년 4월 위와 같은 이름으로 바꿔 민속원에서 재간행하였다.

V. '한밭정신의 뿌리 찾기'에 새긴 열정 - 해암(海巖) 서해길(徐海吉) 박사의 시민리더스피릿

* 이 글은 『인문과 예술』 14호(인문과 예술학회, 2022)에 실린 글을 수정 · 보완한 것이다.

1 해암 서해길 박사의 생몰연대는 호적상 1938-2001로 되어 있으나, 실제 출생연도는 1937년이며, 당시 농촌사회에서 자주 발생했듯이 출생신고가 1년 늦어졌다. 이에 사실에 부합하게 표기했다.

2 2024년 현재 지명은 세종시 장군면 하봉리이다.

3 朴鍾鴻(1903-1976)은 경성제국대학에서 철학을 전공한 후 서울대학교에서 철학박사학위를 받은 교육, 사상가로서 독일 관념론, 실존주의, 분석철학 등 서양철학은 물론 한국의 불교사상[원효의 화쟁(和爭)사상] 및 유교사상, 특히 退溪(李滉)와 栗谷(李珥)의 학설에 천착해 일찍이 한국의 철학에 필요한 주체성 확립의 길을 깊이 있게 모색했다. 1946년부터 서울대학교 교수로 재직하며 1968년 퇴임 때까지 문리과대학 문학부장, 대학원장 등을 역임하며 1953년 학술원 회원이 되고 그해 종신회원이 되었으며 한국철학회회장(1954), 한국사상연구회장(1964), 성균관대학교 유학대학원장(1969)으로 활동을 이어갔다. 특히 퇴임 이후에는 '대통령 교육문화담당 특별보좌관'직을 수행하며(1969-1972) 「국민교육헌장」 기초위원으로서 한국의 근대화 교육이념에 한국사상의 주체성을 심는 일을 주관, 우리 근대사의 한 상징으로 기억되는 인물이다.

4 서해길(1996), 『계룡산 그 조화의 논리』, 세종문화사, p.301. 해암은 제헌국회의원, 충청남도지사, 성균관 이사장 등을 역임했던 운정(芸庭) 성락서(成樂緖, 1905-1988)의 4남 4녀 중 셋째 딸로 태어나 대전여중과 대전여고를 거쳐 충남대학교 사학과를 졸업한 재원이었던 성경자(成慶子) 여사와 열암을 주례로 모시고 1967년에 결혼, 슬하에 3형제를 두었다. 자손들 모두 각자의 위치에서 성실한 삶을 영위하고 있다.

5 같은 책, p.302.

6 한국학중앙연구원, 『한국민족문화대백과』(Naver 지식백과, 2023), 참조.

7 고성애(2019), 『박종홍의 현대 신유학』, 도서출판 문사철, p.20. 이 책에 따르면 박종홍은 동서양의 철학을 아우르며 당대 동아시아 지식인들의 공통된 문제의식을 통해 현실을 이겨낼 새로운 전환의 사유를 모색했다. 특히 한국 전통사상의 전승과 외래사상에 대한 섭취를 통해 새로운 사상을 창조, 민족적 주체성을 확립하고자 했다. (같은 책, pp.177-246)

8 강경현(2019), 「『중용』번역의 현황과 과제」, 『고전번역연구』(10권), pp.65-93.

9 서해길, 『계룡산 그 조화의 논리』, p.303.

10 서해길, 『계룡산 그 조화의 논리』, p.301.

11 같은 책, p.302.(요약인용)

12 서해길(1996), 『존재의 지평』, 세종문화사, pp.399-400

13 이에 대해서는 M Heidegger(1927), *Sein Und Zeit*, Tübingen: Max Niemeyer, p.25 이하, 그리고 M Heidegger(1994), *Beiträge zur Philosophie - vom Ereignis*(1936-38), Frankfurt am Main: Klostermann, p.310 이하 참조, 하이데거의 장소의 철학에 대한 최근 논의로는 J. Malpas(2008), *Heidegger's Topology: Being, Place, World*, Cambridge Massachusetts: The MIT Press, 참조.

14 해암의 이러한 신념은 논문 「존재와 존재자의 존재론적 이해」 1, 2와 「현상학적 지평에 있어서 시간성과 역사성」(서해길, 『존재의 지평』, pp. 108-278)에 선명히 반영되어 있다.

15 M. Heidegger(1957), *Identität und Differenz*, Tübingen: Günter Neske Pfullingen, p.25

16 서해길, 『존재의 지평』, p.182 이하.

17 녹문 임성주의 시문집. 26권 13책. 목판본. 동생 임정주(任靖周)가 녹문이 쓴 글들을 모아 1795년(정조19년)에 편집 · 간행하였다. 권두에 이민보(李敏輔)의 서문이 있고 권말에는 종질 임육(任焴)의 발문이 있다. 실린 글들 중 그의 사상이 잘 나타난 부분은 문인들과 주고받은 서신을 비롯해 경의(經義)를 밝힌 잡저, 그리고 논(論), 설(說)이다. 주리론(主理論)을 배격하고 주기론(主氣論)을 주장한 그의 사상은 당시 문인들에게 많은 영향을 끼쳤다. (Naver/두산백과 두피디아)

18 서해길, 『계룡산 그 조화의 논리』, pp.303-304

19 박두진, 「우리학교 출신 서해길 교수를 만나 - 교육은 백년지대계」, 『충대신문』, 1996년 2월

23일.

20 같은 곳.

21 서해길,『계룡산, 그 조화의 논리』, pp.203-204.(요약인용)

22 이하 한국동서철학회의 지역성의 한계와 로컬리티의 부정성 극복에 관한 논급은 송석랑(2019),「철학의 로컬리티와 〈동서철학연구〉의 이력: 지역학술지의 위상제고를 위한 小考」,『동서철학연구』91호, 한국동서철학회, pp.31-53 내용을 참조했으며, 일부 인용했다.

23 송석랑,「철학의 로컬리티와 〈동서철학연구〉의 이력」. pp.45-46.

24 M. Heidegger(1977), *Holzwege*, Frankfurt a/M: Vittorio Klostermann, pp.115-208. 그리고 M. Merleau-Ponty(1960), *Signes*, Paris: Gallimard, pp.58-104. 이러한 것은 '긍정적 로컬리티'의 복구가 현상학적 생활세계의 초월론적 경험의 세계로 회귀하는 것과 같은 일임을 확인해 준다, "경험의 지평성"(Horizonthaftigkeit der Erfahrung)은 "생활세계로"부터 유래하기 때문이다. G. Brand(1971), *Die Lebenswelt: Eine philosophie des konkreten Apriori*, Berlin; Walter de Gruyter & Co., pp.82-89. 하이데거에게 그 세계는 "거기"(Da), 메를로퐁티에게는 "지각의 깊이"(creux de la perception) 내지 "살"(chair)의 세계, 즉 "지리학적 기호언어의 추상"의 세계에서 실제의 숲과 강과 들판으로 되돌아가는 경험의 세계가 된다. M. Heidegger, *Sein und Zeit*. pp.41이하. M. Merleau-Ponty(1964), *Le Visible et l'Invisible*, Paris; Gallimard. pp.238-239. M. Meleau-Ponty(1945), *Phénoménologie de la Perception*, Paris; Gallimard, p. iii

25 사실이 그러한데, 이런 점에서 '긍정적 로컬리티'의 차이성은 근대적 인간화에 수반하는 상대성을 뜻하는 것이 아니라, 탈근대의 비인간화의 자리에서 얻을 수 있는 이질의 보편성, 달리 말하면 개별적이지만 상호주관성을 매개로 전체에 닿아있는 까닭에 객관성의 차원을 상대적 객관성으로 끌어올리는 차이성의 보편성을 뜻한다. "가장 지역적인 것이 가장 세계적인 것일 수 있다"는 말과 통할 이 보편성은 "글로컬리티"(glocality)라는 말로써도 표현 가능하다. 박치완(2012),「글로컬 시대의 철학」,『철학과 문화』25집, 한국외대 철학연구소. pp.245-246.

26 충남대학교 인문과학연구소 편(1991),『한밭정신의 뿌리와 창조』(공저), 대전직할시.

27 현대사회문제연구소 편(1989), 『충남정신의 뿌리와 실체』(공저), 세종문화사.

28 서해길, 『계룡산, 그 조화의 논리』, pp.165-173. (요약인용)

29 E. Husserl(1962), *Die Krisis der Europäischen Wissenschaften und die Transzendentale Phänomenologie*, The Hague, Martinus Nijhoff, p.184.

30 서해길(1995), 『삶의 지평』, 이문출판사, pp.84-91.

31 서해길, 『존재의 지평』, p.183.

32 A. 뤼트케(2002), 『일상사란 무엇인가』, 이동기 외 옮김, 청년사, p.55

33 "중용(中庸)은 존재의 은폐와 비(非)은폐로서의 진리"가 드러나는 곳['거기'(Da)]에 실존의 우리가 "탈자적으로 서있는 것이다." 서해길, 『존재의 지평』, pp.182-183.

34 휄더린의 시 〈흡사 축제일 같이(Wie wenn am Feiertage)〉의 부분. M. Heidegger(1981), *Erläuterungen zu Hölderlins Dichtung*, Vittorio Klostermann, Frankfurt am Main, p.49. 서해길, 『존재의 지평』, p.139에 나온 것을 일부 표현을 바꾸어 재인용했다.

35 M. Heidegger, *Erläuterungen zu Hölderlins Dichtung*, pp.49-77 참조.

36 같은 책, p.59.

37 P. Freire(1971), *Pedagogy of the Oppressed*, Translated by Ramos, Myra Bergman, New York: Herder and Herder, pp.39-47.

38 서해길(1986), 『공산주의 이론과 이데올로기 비판』, 충남대학교출판부, 참조.

39 서해길, 『존재의 지평』, p.4.

40 "충남대 현대사회문제연구소(소장 서해길 충남대 철학과 교수)가 대전-충남지역 출신의 자민련 국회의원과 지역대학 교수들이 대거 참가하는 내각제 토론 세미나를 열기로 해 관심을 끌고 있다. 현대사회문제연구소는 11일 오후 6시 대전시 유성구 궁동 우성리베라호텔 14층 피어니홀에서 자민련 김용환(金龍煥)수석부총재 등 자민련 의원 10여명과 충청지역 대학 교수 70여명을 초청, 내각제 토론 세미나를 연다고 10일 밝혔다. 이날 세미나는 김수석부총재의 '내각제의 어제와 오늘의 현황에 대하여'라는 주제발표와 질의응답에 이어 내각제에 대한 의원과 대학 교수 간 자유토론 방식으로 진행된다. 서교수는 '현재 정치쟁점화되고 있는 내각제에 대한 지역 출신 의원들과 교수간 의견을 교환하기 위해 이번

세미나를 열게 됐다'고 말했다." (이동철, 「〈지방안테나〉 충남대, 내각제 토론 세미나 개최」, 『연합뉴스』, 1999년 3월 10일)

41 서해길(1983), 『시간의 지평』, 문음사, pp.259-264. (요약인용)

42 P. Freire(1985), *The Politics of Education: Culture, Power, and Liberation*, Bergin & Garvey, p.37 이하

43 이 구절은 세종특별자치시 장군면 금암리에 있는 해암의 묘비에 새겨진 "추모글"에서 따온 것이다. 추모 비문은 평소 해암과 친분이 두터웠던 충남대 국문과 명예교수 신용협(愼鏞協) 시인이 작성하였다.

44 J. Rancière(2010), *The Politics of Aesthetics: The distribution of the Sensible*, tr. Gabriel Rockhill, New York: Continuum, p.84.

45 지난 2008년 프랑스문화원 후원으로 강연 차 한국을 방문했을 때 경향신문이 마련한 대담의 자리에서 나온 랑시에르의 말이다. 김진우, 「해방은 인민의 주체적 역량으로만 가능」, 『경향신문』, 2008년 12월 2일.

46 M. Merleau-Ponty(1948), *Sens et Non-Sens*, Paris: Nagel, p.331.

참고문헌

I. 지헌영, 대전 · 충청학의 기원

강전섭(1981),「장암선생의 학문을 말한다」,『호서문학』 7, 호서문학회.

강전섭 편(1995),『장암학보』 1, 장암학술연구회.

길애경 외(2021),『20세기 대전의 리더스피릿⑤』, 대전세종연구원.

김경자 외(2005),『한국 근대 초등교육의 좌절』, 교육과학사.

김대현(1958),『옥피리』, 정음사.

김선기(2022),「장암 지헌영 교수의 울림 큰 여운」, 충남대학교 인문학연구원 편,『CNU 70년사에 빛나는 문원의 인물과 사상』, 충남대학교출판문화원.

김열규 · 신동욱 · 이상택 편(1977),『국문학논문선』 1(향가연구), 민중서관.

김용재(대전문인총연합회)(2013),『대전의 문학비와 시가 사는 기념비』, 기획출판 오름.

김종윤 편(1959),『상아탑의 한화』(국어국문학교수수필집), 문림사.

김형기(1971),「머릿말」,『어문연구』 7(장암지헌영선생화갑기념특집호), 어문연구회.

남기택(2009. 4),「소수자로서의 지역문학, 그 정체와 전망—대전 · 충청 시문학을 중심으로」,『비교한국학』 17권 1호, 국제비교한국학회.

남기택(2022),「1960년대 후반 대전문학—신문 소재 자료를 중심으로」,『대전문화』 31, 대전광역시사편찬위원회.

도수희(1981. 12),「장암지헌영선생고희기념논총」,『국어국문학』 86, 국어국문학회.

도수희(1993),「장암 지헌영론」, 대전직할시사편찬위원회,『한밭인물지』, 대전직할시.

박명용 편(2000),『대전문학사』, 한국예총대전광역시지회.

사재동(1981. 1. 5~6),「장암 지헌영선생의 생애와 업적」,『대전일보』.

사재동(1991),「장암학의 재조명—장암선생의 생애와 학문」,『어문연구』 21(장암지헌영선생 10주기기념호), 어문연구학회.

사재동(2001),「『아! 대전아』의 작품세계와 작시정신」, 대전광역시 편,『아! 대전아—대전사랑

시비』, 대전광역시.
신상구(2016. 5. 23),「대전의 정신적 지도자인 장암 지헌영 선생 이야기」(https://www.stb.co.kr/?m=bbs&bid=stbfree&uid=2172).
양병일(2022. 12),「태평양전쟁의 관점에서 본 일제강점기 초등 지리 교과서의 기능」,『사회와 교육』 61권 4호, 한국사회과교육연구학회.
어문연구회 편(1971),『(장암선생 회갑기념) 고서전시목록』, 장암선생회갑기념사업회.
원영한(1990),『교육 그리고 인생』, 학습사.
이형권(2018. 6),「장암 지헌영의 삶과 학문, 그리고 문학」,『충청문화연구』 20, 충남대학교 충청문화연구소.
장암선생화갑기념논총간행회 편(1971),『장암지헌영선생화갑기념논총』, 호서문화사.
장암지헌영선생고희기념논총간행위원회 편(1980),『장암지헌영선생고희기념논총』, 형설출판사.
정 훈(1949),『머들령』, 계림사.
조종업(1971),「장암선생약전」, 장암선생화갑기념논총간행회 편,『장암지헌영선생화갑기념논총』, 호서문화사.
지헌영(1944. 4),「풍수설—그의 종교성과 형이상학」,『조광』 10권 4호.
지헌영(1947),『향가여요신석(鄕歌麗謠新釋)』, 정음사.
지헌영(1952),「국문학잡기(2)—시조감상1수」,『호서문학』 1, 호서문학회.
지헌영(1956),「방황하는 중견」,『호서문학』 3, 호서문학회.
지헌영(1959),「권두언」,『호서문학』 4, 호서문학회.
지헌영(1959),「국문학잡기(3)—단가정형의 형성」,『호서문학』 4, 호서문학회.
지헌영(1961),「정읍사의 연구」,『아세아연구』 7, 고려대학교 아세아문제연구원.
지헌영(1965. 9. 28),「여가잘살리고 정독제일주의」(독서와 나 · 4),『대전일보』.
지헌영(1965. 11. 11),「창간15주년에부쳐」,『대전일보』.
지헌영(1966. 1. 1),「명분과실리문제—죽음으로염원한민족의회생」,『중도일보』.
지헌영(1966. 8. 28),「비좁은 서울—신수도권조성계획을 중심으로」(3),『중도일보』.

지헌영(1967), 「서글픈 향가연구의 도정」, 『도정(道程)』 11.
지헌영(1967. 9. 10), 「문화상제도의 정화와 존속을 위하여」, 『중도일보』.
지헌영(1968. 2. 18), 「새 충남을 위한 설계」(새로운 풍토조성을 위한 「시리즈」—충남기질개조론 · 7), 『중도일보』.
지헌영(1970), 「대루 쇄담(待淚 瑣談)」, 『충남문학』 6, 충남문인협회.
지헌영(1971), 『아! 대전아(아! 大田아)』, 호서문화사.
지헌영(1972), 「식장산전설 상태」, 『어문학』 27, 한국어문학회.
지헌영(1972. 12), 「「한매사(寒梅詞)」 추의(芻議)」, 『한남어문학』 1, 한남대학교 한남어문학회.
지헌영(1973), 「향가의 해독 · 해석에 관한 제문제」, 『한남어문학』 2, 한남대학교 한남어문학회.
지헌영(1991), 『향가여요의 제문제』(어문연구학술총서 1), 태학사.
지헌영(2001), 『한국지명의 제문제』(어문연구학술총서 5), 경인문화사.
지헌영 편(1976~1977), 『설악유고』 1～3(영인본).
충남대학교 인문학연구원 편(2022), 『CNU 70년사에 빛나는 문원의 인물과 사상』, 충남대학교 출판문화원.
한국어문학회 편(1974), 『신라시대의 언어와 문학』, 형설출판사.
호대동공회편집부(湖大同攻會編輯部)(1949), 『호서학보』 1, 호서민중대학.
호서문학회 편(2012), 『호서문학 60년사』, 오름.

성주탁(1984),『百濟城址 硏究-都城制를 中心으로』, 동국대학교대학원 박사학위논문.

성주탁(2002),『百濟城址硏究』, 서경.

성주탁(2002),『百濟의 思想과 文化』, 서경.

성주탁(2002),『朝鮮後期 社會와 文化』, 서경.

성주탁(2004),『百濟城址硏究(續編)』, 서경.

성주탁(2010),『忠臣 成三問』, 도서출판 이화.

성주탁(2011),『三山詩集-西山, 小山, 聽山』, 도서출판 이화.

성주탁교수 추모논총 간행위원회(2012),『백제와 주변세계』, 진인진.

심정보(2009),『백제 산성의 이해』, 주류성.

차용걸(2017),『한국 축성사연구 1-고대산성의 성립과 발전』, 진인진.

한국문화재조사협의회(2013),『성곽조사방법론』, 사회평론아카데미.

輕部慈恩(1971),『百濟遺跡の硏究』, 吉川弘文館.

董鑒泓 主編, 성주탁 역(1993),『中國都城發達史』, 학연문화사.

정만호(1922),「학산 조종업 선생의 법고창신 정신」,『CNU70년사에 빛나는 문원의 인물과 사상』, 충남대학교출판원.

충남대학교송자학연구재단 송자연구소(1994),『송자학논총』창간호.

충남대학교송자학연구재단 송자연구소(1995),『송자학논총』2집.

고명(1984),「中韓日詩話之比較研究序」,『中韓日詩話之比較研究』, 臺灣 學海出版社.

박계홍(1973),『韓國民俗研究』, 형설출판사.
박계홍(1982),『韓國の村祭り』, 일본 國書刊行會.
박계홍(1983),『韓國民俗學槪論』, 형설출판사.
박계홍(1984),『비교민속학』, 형설출판사.
박계홍(1987),『한국인의 전통의례』, 충남대학교 학생생활연구소.
박계홍(1990),『민속학 산고』, 대전: 문경출판사.
박계홍(1998),『우리민속의 맥락과 현실의식』, 민속원.

서해길(1996),『계룡산, 그 조화의 논리』, 세종문화사.
______(1996),『존재의 지평』, 세종문화사.
______(1986),『공산주의 이론과 이데올로기』, 충남대학교출판부.
______(1985),『삶의 지평』, 이문출판사.
______(1983),『시간의 지평』, 도서출판 문음사.

강경현(2019),「『중용』 번역의 현황과 과제」,『고전번역연구』 10권, 한국고전번역학회.
고성애(2019),『박종홍의 현대 신유학』, 도서출판 문사철,
나카무라 유지로(2012),『토포스(Topos): 장소(場所)의 철학』, 박철은 옮김, 그린비.
뤼트케 A.(2002),『일상사란 무엇인가』, 이동기 外 옮김, 도서출판 청년사.
박치완(2012),「글로컬 시대의 철학」,『철학과 문화』 25집, 한국외국어대학교 철학연구소.
송석랑(2019),「철학의 로컬리티와 〈동서철학연구〉의 이력: 지역학술지의 위상제고를 위한 小考」,『동서철학연구』 91호, 한국동서철학회.
안춘분(2017),『공자의 춘추대의 사상』, 도서출판 문사철.
충남대학교 인문과학연구소 편(1991),『한밭정신의 뿌리와 창조』(공저), 대전직할시.
현대사회문제연구소 편(1989),『충남정신의 뿌리와 실체』(공저), 세종문화사.

Brand, G.(1971), *Die Lebenswelt: Eine philosophie des konkreten Apriori*, Berlin; Walter de Gruyter & Co.
Freire, Paulo(1985), *The Politics of Education: Culture, Power, and Liberation*, Translated by Macedo, Donaldo, Westport, Connecticut: Bergin & Garvey.
______(1971), *Pedagogy of the Oppressed*, Translated by Ramos, Myra Bergman, New York:

Herder and Herder.
Günzel, G.ed.(2007), *Topologie - Zur Raumbeschreibung in den Kultur und Medienwissenschaften*, Transcript Verlag Bielefeld.
Heidegger, M.(1927), *Sein Und Zeit*, Tübingen: Max Niemeyer.
______(1994), *Beiträge zur Philosophie-vom Ereignis(1936-38)*, Frankfurt am Main: Klostermann.
______(1981), *Erläuterungen zu Hölderlins Dichtung*, Vittorio Klostermann, Frankfurt am Main.
______(1957), *Identität und Differenz*, Tübingen: Günter Neske Pfullingen.
______(1977), *Holzwege*, Frankfurt a/M: Vittorio Klostermann.
Husserl, E.(1962), *Die Krisis der Europäischen Wissenschaften und die Transzendentale Phänomenologie*, The Hague, Martinus Nijhoff.
Malpas, J.(2008), *Heidegger's Topology: Being, Place, World*, Cambridge Massachusetts: The MIT Press.
Meleau-Ponty, M.(1945), *Phénoménologie de la Perception*, Paris; Gallimard, 1945.
______(1948), *Sens et Non-Sens*, Paris: Nagel.
______(1964), *Le Visible et l'Invisible*, Paris; Gallimard.
Rancière, J.(2010), *The Politics of Aesthetics: The distribution of the Sensible*. tr. Gabriel Rockhill, New York: Continuum.

김진우,「해방은 인민의 주체적 역량으로만 가능」, 경향신문, 2008년 12월 2일, https:// www. khan.co.kr/ culture/ culture-general/ article/ 200812021738475
박두진,「우리학교 출신 서해길 교수를 만나 - 교육은 백년지대계」, 충대신문, 1996년 2월 23일, http://press.cnu.ac.kr/news/articleView.html?idxno=4132
이동철,「〈지방안테나〉 충남대, 내각제 토론 세미나 개최」, 연합뉴스, 1999년 3월 10일, https://n.news.naver.com/mnews/article/001/0004525557?sid=102
[네이버지식백과] 박종홍, 한국학중앙연구원,『한국민족문화대백과』, https:// terms. naver. com/ entry.naver?docId =1169852&cid= 40942 & categoryId=32868

[네이버지식백과] 녹문문집(鹿門文集), 두산백과,『두피디아』, https:// terms. naver.com/ entry. naver, docId=556179&cid=71165 & categoryId=71165

장암(藏菴) 지헌영(池憲英) 교수 (1911-1981)

1911년 3월 8일	대전시 중구 선화동 출생
1931년	연희전문학교 입학
1932년	학생운동 가담 후 연희전문학교 중퇴
1945년	대전중학교 교유(敎諭)
1952년	충남대학교 교수
1957년	충남대학교 사임
1975년	충청남도 문화상 수상
1961년	대전일보 사장
1964년	어문연구회 회장
1965년	한국언어문학회 회장
1974년	대통령 표창
1981년 1월 1일	영면

청산(聽山) 성주탁(成周鐸) 교수 (1929-2011)

1929년 4월 12일(음 3월 12일)	충남 연기군(現 세종시) 금남면 달전리 출생
1955년	충남대학교 문리과대학 사학과 입학
1961년	충남대학교 사학과 전임강사
1964년	일부사상연구학회(정역학회) 초대회장
1968년	충남대학교 박물관 고고과장
1981년	충남대학교 백제연구소장
1985년	대만국립사범대학교 교환교수
1987년	충남대학교 박물관장
1994년	충남대학교 정년퇴임
1994년	국민훈장 목련장 수훈
2000년	성삼문 선생 기념사업회 회장
2011년 10월 30일	영면

학산(鶴山) 조종업(趙鍾業) 교수 (1930–2014)

1930년 9월 9일(음력)	충남 예산군 봉산면 마교리 출생
1955년	충남대학교 문리과대학 국어국문학과 입학
1964년	충남대학교 국어국문학과 전임강사
1972년	한국언어문학회 회장
1976년	충청남도 서예협회 회장
1977년	중화민국 국립대만사범대학 객원교수
1984년	중화민국 국립대만사범대학 박사학위 취득
1985년	어문연구회 회장
1990년	충청남도 문화재위원
1991년	충남대학교 도서관장
1993년	충남대학교송자학연구재단 설립 추진위원장
1994년	대전시문화상 수상
1996년	동방시화학회 초대회장
1996년	충남대학교 정년퇴임
1996년	국민훈장 석류장 수훈
2003년	화서학회 초대회장
2014년 7월 28일	영면

거암(巨巖) 박계홍(朴桂弘) 교수 (1937-1988)

1937년 2월 8일(음력)	충청남도 부여군 규암면 나복리 출생
1956년	충남대학교 문과대학 국어국문학과 입학
1962년	어문연구회(현 어문연구학회) 공동 창립
1961-68년	충남대 도서관 근무
1969년	충남대학교 국어국문학과 전임강사
1969년	민속학회 공동 창립, 민속학회 이사
1973년	충청남도 문화상 수상(인문과학부문)
1974년, 1976년	1976년 한일 공동 민속조사, 일본 대총민속학회(大塚民俗學會) 초청 대마도 히라도(平戶) 지역 민속조사
1977-78년	일본 쯔꾸바대학 역사 · 인류학연구과 유학
1980-85년	한국구비문학대계 충남지역 책임위원
1981년	일본 쯔꾸바대학교 박사학위 취득(민속학)
1988년 3월 14일	영면

해암(海巖) 서해길(徐海吉) 교수 (1937-2001)

1937년 3월 25일(음력)	충남 공주군 장기면(現 세종시 장군면) 하봉리 출생
1964년	충남대학교 문과대학 철학과 졸업
1969년	충남대학교 전임강사
1977년	충남대학교 대학원 박사학위 취득(서양 현대철학)
1978-80년	서독 뮌헨 · 하이델베르크대학교 연구
1982년	통일원 평화통일정책자문위원
1983년	충남대학교 새마을연구소장
1983년	충청남도 문화상 수상(학술부문)
1983년	법무부 정책자문위원
1983년	한국서양철학연구회 회장
1986년	새마을훈장 노력장 수훈
1987년	현대사회문제연구소장
1989년	한국국민윤리학회 충남지회장
1991년	충남대학교 문과대학장
1993년	충남대학교 교육대학원장
1993년	한국동서철학회장
2001년 10월 27일	영면
2002년	국가유공자 추서
2002년	옥조근정훈장 추서

강종원(姜鍾元) | 국립한밭대학교 인문교양학부 교수

충남대학교에서 사학을 전공하고, 동대학원에서 백제사로 박사학위를 취득하였다. 충남역사문화연구원에서 연구위원, 연구실장 등을 역임하였고, 현재 국립한밭대학교 인문교양학부 교수로 재직하고 있다. 저서로 『사비백제사』(2022, 공저), 『금강의 역사와 문화』(2020, 공저), 『금강의 고대문화의 뿌리』(2020, 공저), 『내포의 역사와 문화』(2015, 공저), 『한권 백제』(2013, 공저), 『백제 국가권력의 확산과 지방』(2012), 『4세기 백제사 연구』(2002) 등이 있다.

jwkang@hanbat.ac.kr

남기택(南基澤) | 강원대학교 자유전공학부 교수

충남대학교에서 국문학을 공부하고 현대문학 연구로 박사학위를 취득하였다. 현재 강원대 자유전공학부 교수로 재직 중이며, 어문연구학회 회장을 맡고 있다. 주요 저서로 『문학과 현장』(2022), 『제도 너머의 문학』(2020), 『미주지역 디아스포라 시문학의 사건과 심상지리』(2017), 『강원영동지역문학의 정체와 전망』(2013), 『근대의 두 얼굴, 김수영과 신동엽』(2009) 등이 있다.

litoem@kangwon.ac.kr

서영식(徐英植) | 충남대학교 지식융합학부 교수

충남대학교(철학)와 한국방송통신대학교(법학)를 졸업하였으며, 스위스 루체른대학교에서 철학박사 학위를 취득하였다. 현재 충남대에서 지식융합학부 교수로 재직 중이다. 또한 지식융합학부장과 리더스피릿연구소장을 맡고 있다. 주요 저서로는 『인문학 리더십 강의 I』(2024, 공저), 『리더와 리더스피릿』(2023), 『역사와 고전의 창으로 본 21세기 공공리더십』(2023, 공저), 『70년 CNU의 리더스피릿』(2022, 공저), 『공공성과 리더스피릿』(2022, 공저), 『인문학 속 민주시민교육』(2022, 공저), 『고전의 창으로 본 리더스피릿』(2021, 공저), 『청춘의 철학』(2021), 『플라톤철학의 실천이성담론』(2017), 『전쟁과 문명』(2016, 공저), 『플라톤과 소크라테스적 대화-문학형식의 철학적 사용』(2015, 공역), 『인문학과 법의 정신』(2013, 공저), 『신플라톤주의』(2011, 공역), 『시간과 철학』(2009, 공저), Selbsterkenntnis im Charmides(2005) 등이 있다.

youngsik@cnu.ac.kr

송석랑(宋錫朗) | 목원대학교 창의교양학부 교수

한국외국어대학교와 대학원을 졸업한(문학사, 문학석사) 후, 충남대학교 대학원에서 실존현상학 연구로 철학박사학위를 취득했다. 현재 목원대학교 창의교양학부 교수로 재직 중이다. 또한 목원대 교양교육혁신연구센터(LIC) 센터장을 맡고 있으며, 한국해석학회 회장으로 일하고 있다. 근래의 저·역서와 연구논문으로 『정신과학입문』(2015, 역서), 『외모지상주의 깨뜨리기』(2017, 공저), 『인문예술, 세계를 담다』(2022, 공저), 『역사와 고전의 창으로 본 21세기 공공리더십』(2023, 공저)와 「진리의 정치성에 대한 현상학적 해명」(2021), 「이이(李珥)의 이기론과 구체성의 철학 - 실존현상학의 관점에서」(2022), 「갈등의 위상학과 해방의 변증법 - 철학의 시적 인식을 통한 고찰」(2022) 등이 있다.

phzeit@mokwon.ac.kr

이향배(李香培) | 충남대학교 한문학과 교수

충남대학교 한문학과를 졸업하고 단국대학교 대학원에서 문학박사학위를 취득하였다. 2001년 9월부터 충남대학교 한문학과 교수로 재직 중이다. 또한 현재 근역한문학회장, 충남대한자문화연구소장, 전국대학교양교육협의회장을 맡고 있다. 주요 저술로는 『한국한시비평론』이 있으며, 번역서 공역으로는 『추안급국안』, 『지호집』, 『지천서원지』, 『노서유고』, 『호산록』 등 다수가 있다. 또한 「『보한집』에 보인 최자의 주기론」, 「구봉 송익필 한시를 통해 본 군자유 지향」, 「삼포왜란후 모재 김안국의 대일외교 논리와 전략」, 「취금헌 박팽년의 문학사상」, 「경회 김영근 한시에 투영된 위정척사 정신」 등 한문학 연구 분야의 논문이 다수 있다.

5386yhbbb@hanmail.net

황인덕(黃仁德) | 충남대학교 국어국문학과 명예교수

충남대학교 국어국문학과에서 한국 고전문학과 구비문학을 전공하여 문학박사 학위를 취득하였다. 이후 충남대 국어국문학과에서 오랫동안 재직(1989.2~2020.8)하고 정년퇴직하였다. 또한 어문연구학회 회장을 역임하였다. 그동안 한국 구전설화 현지조사 및 연구에 주력하여 120여 편의 학술논문을 발표하였으며, 『이야기군 구연설화-이몽득』 등 12권의 구연설화 자료집을 간행하였다. 그리고 『한국기록소화사론』, 『한국민속학 새로 읽기』, 『전승문화의 기반탐구』, 『고전문학논고』, 『지역구전설화연구』, 『인물전설연구』, 『전통사회 이야기꾼 탐색』, 『구전설화비교연구』, 『부여백제 전설 연구』 등 다수의 연구서를 간행하였다.

202010393@cnu.ac.kr

자문 및 자료 제공

박경목 충남대학교 국사학과 교수
성정용 충북대학교 고고미술사학과 교수
이종성 충남대학교 철학과 교수
조정윤 충남대학교 한문학과 교수

CNU와 충청학의 선구자들

저자 CNU 리더스피릿연구소
발행일 2024년 12월 31일 발행인 김정겸
펴낸곳 충남대학교출판문화원 주소 대전광역시 유성구 대학로 99
전화 042-821-6045 홈페이지 www.cnupress.co.kr E-mail cnupress@cnu.ac.kr

ISBN 979-11-6503-284-5 03000
정가 20,000원